INSURRECTION DE 1871.

MÉMOIRE D'UN ACCUSÉ.

SI AZZIZ BEN MOHAMMED
AMZIAN BEN CHEIKH EL HADDED

A SES JUGES

ET

A SES DÉFENSEURS.

CONSTANTINE

IMPRIMERIE L. MARLE, RUE D'AUMALE, 2

1873

/ La justice est saisie d'un grand procès, et ce procès est à coup sûr moins celui des cent quarante-cinq indigènes que l'on va faire comparaître devant la Cour d'assises, que des déplorables institutions dont notre Algérie n'a pu été délivrée encore, même à l'heure qu'il est, c'est-à-dire alors que la chûte de l'Empire date déjà depuis près de trois ans./

Que n'a-t-on pas dit et que n'aurons-nous pas le droit de dire contre les bureaux arabes et leurs officiers? En ne disant toutefois que ce que nous savons, que ce que nous a révélé, en dernier lieu, l'étude consciencieuse de tous ces dossiers, nous aurons peut-être assez fait pour saper l'édifice de ces « Templiers du temps moderne. » Espérons que ce procès sera le coup de grâce pour cette administration. Mais jusque-là, ce nous est un devoir de ne sembler rien préjuger, et d'attendre avec

confiance le développement des longs et péni-
bles débats qui vont s'ouvrir.

Nous ne doutons, grâce à Dieu, ni de la
haute impartialité du magistrat éminent qui a
été chargé de diriger ce solennel débat, ni de
l'intelligence et de l'équité de ceux de nos conci-
toyens appelés à juger tout ensemble nos clients
et les funestes influences qui ont pesé sur eux.
Car, encore une fois, nos clients ne sont pas
les seuls intéressés à ce que la lumière jaillisse
librement de ce débat : la France entière voudra connaître toute la vérité sur les causes sé-
rieuses, sur les auteurs vrais de cette cruelle
insurrection,—et les honnêtes gens ne seraient-
ils pas en droit de se fâcher si, comme on nous
l'a fait craindre, certains personnages dont le
véritable caractère sera bientôt déterminé, refusaient de venir témoigner, ou tentaient de faire
excuser leur absence dans cette enquête su-
prême ?

Voici, en attendant, une première déposition
qui ne saurait manquer de faire réfléchir plus
d'un, non moins par les faits révélés que par la
sincérité avec laquelle ces faits sont présentés.
Dans un procès aussi essentiellement politique
que l'est celui-ci, on aurait peut-être mauvaise
grâce à suspecter la sincérité d'un accusé, par

cela seul qu'il est accusé, car, pour peu que l'on y songe, les vrais coupables ne seront pas sur la sellette. D'ailleurs, ce mémoire n'est pas seulement sincère, il est encore vrai, n'en déplaise à tous ceux qui y sont visés. On y comptera les abus criants qui désolent les tribus, les louches intrigues et les intercessions équivoques de certains officiers, et là où les intrigues ne réussissent pas, les brutales provocations.

Il est heureux que certains projets secrets aient été conduits et exécutés avec crainte et hésitation, de telle sorte, que cette insurrection n'a plus abouti qu'à une suite de longues fureurs impuissantes. Mais, il suffit de se représenter les cruels abus du régime précédent, pour que les représailles n'aient plus de raison d'être une douce chose que contre ceux-là mêmes qui, sous ce régime, détenaient le pouvoir et assumaient la responsabilité : j'entends parler des bureaux arabes. Les représailles, dans ce cas, prennent la forme d'un grand acte réparateur de justice nationale. Tous les citoyens, tous les amis de ce pays si longtemps sacrifié à de malsaines ambitions, tiendront à honneur de participer à ce grand acte de justice, qu'ils ne sont pas les seuls à invoquer avec une ardente énergie, les indigènes ayant été jusqu'ici les constantes et silencieuses victimes de cet immoral état de choses. C'est là une douloureuse vérité que l'on commencera d'entrevoir à la lecture de ce mémoire, et dont on pourra se convaincre par ce qu'on entendra devant la justice.

LÉON SEROR,

Avocat.

Constantine, 9 mars 1873.

Louange au Dieu unique !

Le trois Janvier de l'année 1873.

L'écrivain et auteur de ce mémoire, à la fin duquel il a placé son nom, s'exprime ainsi : J'ai rédigé ce mémoire pour que les représentants de l'autorité gouvernementale le parcourent et prennent connaissance de ce qu'il contient, relativement à des faits qui peuvent avoir été dissimulés par des témoignages inspirés par la haine : peut-être cela ne sera-t-il pas sans profit. (Il est possible, en effet, que cela soit utile à tous, et que, par ce moyen, l'on se rende compte que les divergences survenues entre les chefs militaires et les chefs civils et l'hostilité ouverte et cachée dont ils étaient animés les uns contre les autres, ont amené la perte des Arabes, le pillage de leurs biens, la mort et l'emprisonnement des gens de cette race, sans qu'ils l'eussent mérité.) Il est advenu du fait de l'hostilité dont j'ai parlé que l'homme qui, dans sa vie, n'avait jamais possédé un fusil lui appartenant en propre, qui n'avait ni tente, ni parents, ni femme, s'est trouvé inculpé d'avoir distribué des armes, de les avoir portées et d'avoir ordonné à ses gens de les prendre.

Cependant cet homme n'avait jamais possédé, même une chatte !

(Combien de gens dans ces conditions ne voyons-nous pas détenus en prison, tandis que l'homme qui était en position de distribuer des armes aux autres, de les porter lui-même, d'ordonner à des gens de les prendre, celui dont la parole était écoutée par beaucoup de gens et que chacun, puissant ou misérable, suivait, Ben Ali Chérif, par exemple, son fils et d'autres ont été négligés ! \

Les uns, ne laissant pas un homme dans leur tente, ont été incarcérés, de sorte que leurs enfants et leurs femmes se trouvent à l'abandon, sans personne pour les protéger. Mais d'autres n'ont été nullement inquiétés.

Les uns ont été exemptés de la contribution de guerre et n'ont absolument rien eu à payer ; mais d'autres ont vu leurs biens frappés du séquestre ; d'autres se les sont vu retirer complètement des mains : on leur a pris leurs biens par une véritable spoliation !

Tout cela n'est que la conséquence des dissensions et de l'hostilité survenues entre qui a été dit, ainsi que du manque d'assistance dont (ces deux autorités) usaient dans leurs rapports, pour rendre aux gens la justice qui leur était due. Cela faisait que tel était mis en prison et tel autre rendu à la liberté. Combien n'en avons-nous pas vus sortir de la prison civile, relaxés comme n'ayant commis aucune faute, qui étaient ensuite incarcérés par les militaires et qui sont restés en prison jusqu'à aujourd'hui ! Combien d'autres sont sortis acquittés de la prison militaire, qui ont été arrêtés ensuite par les civils et sont encore sous les verroux !

Combien de fois n'est-il pas arrivé que lorsque l'autorité civile réclamait quelqu'un, les chefs militaires ne s'en occupaient pas et déclaraient que l'homme demandé était en fuite. Alors les procureurs du gouvernement en étaient réduits à agir comme le bûcheron dans une nuit obscure : ce qu'ils trouvaient à leur portée, ils le prenaient, le coupaient et le mettaient dans la charge de bois. Ils appliquaient le nom voulu à ce qu'ils avaient pris et lui faisaient supporter le poids de l'accusation.

C'est à un des faits de ce genre que s'est appliqué ce dicton : Envoie ton argent, il plaidera pour toi, au lieu de lui dire : Emploie ta langue à plaider pour toi.

« C'est ce qui explique que Ben Ali Chérif a été exempté de l'emprisonnement et de la contribution de guerre ; c'est une faveur personnelle qui a été faite et non une chose profitable au peuple et à l'Etat. »

Parlons d'abord de Si Mohammed Saïd ben Ali Chérif, bach-agha de Chellata, dont le traitement est de douze mille francs payés par le Trésor public.

Sa soumission à l'autorité du gouvernement français a été faite entre les mains du seigneur-maréchal Bugeaud, lequel est le premier qui ait fait passer les troupes du gouvernement par la vallée de l'Oued-Sahel et le premier qui ait fait entrer les tribus kabyles dans la voie de soumission.

Le dit maréchal était accompagné d'Ahmed ben Mohamed El-Mokrani, khalifa de la Medjana, père du bach-agha El-Mokrani et qui, le premier, avait reçu l'investiture du gouvernement français dans la province de Constantine.

Lorsque le dit maréchal fut arrivé avec ses troupes

sur le territoire de la tribu de Loula, dans laquelle demeurait Ben Ali Chérif, et après avoir obtenu la soumission de cette tribu, il fit chercher ce dernier et, quand il eut été amené en sa présence, lui offrit le caïdat de la tribu de Loula et de celle des Beni-Aïdel, desquelles fait partie notre tribu de Seddouk.

Ben Ali Chérif accepta cette proposition, mais à deux conditions.

Pour la première de ces conditions, il déclara que selon une prédiction faite par son aïeul et la tradition suivie dans sa famille, aucun d'eux ne pouvait traverser l'Oued-Sahel ou toute autre rivière, car celui d'entre eux qui aurait traversé une de ces rivières devait être transformé en femme à matrice ou à derrière, — locution usitée par les Arabes. — « Si donc,
» — a-t-il ajouté, — vous voulez que j'accepte la fonc-
» tion de caïd, vous saurez que je ne devrai pas
» sortir de la tribu de Loula et de ma demeure, afin
» de ne pas être transformé en femme à matrice. »

Le maréchal accepta ses dires, y ajouta foi, lui laissa la faculté d'observer sa tradition et lui permit de remplir ses fonctions de caïd, tout en restant dans sa demeure sans en sortir.

Sa demande pour la seconde condition fut celle-ci :
« Vous me laisserez les serviteurs de mon aïeul qui
» sont des gens de la tribu de Loula et ceux de la
» tribu des Beni-Lemdil, dépendant du caïdat du
» Sahel-Guebli (méridional) ; ils ne paieront pas d'im-
» pôts au gouvernement et ne lui devront aucun ser-
» vice ; vous les exempterez de toutes contributions
» au profit de l'Etat et vous les laisserez servir ma
» zaouïa et habiter auprès d'elle selon leur coutume
» ancienne. »

Le maréchal accepta encore de lui cette condition

qui consistait à laisser sa tribu de Loula et celle des Beni-Lemdil le servir et habiter auprès de lui.

C'est de là que vient l'amitié de Ben Ali Chérif avec le bach-agha El-Mokrani, car il se rappelait du bien que son père lui avait fait. Effectivement, sans ce dernier le maréchal ne l'aurait pas connu et le gouvernement n'en aurait pas entendu parler. Il est probable, au contraire, qu'on eut été irrité contre lui de ce que sa soumission n'avait été que la conséquence de celle de sa tribu, et de ce qu'il ne s'était présenté au maréchal qu'après que sa tribu et les autres fussent rentrées dans l'obéissance.

Pour abréger, il continua à abuser ainsi le gouvernement par ses mensonges pendant un certain nombre d'années, ne sortant pas de sa tribu, de crainte d'être changé en femme. Mais un beau jour voilà que le chérif Si Mohamed ben Abdallah bou Barila, dont il sera parlé en son lieu et place, marche contre lui pour l'attaquer : Ben Ali Chérif s'enfuit devant lui et gagne, de sa personne, les Beni-Mansour.

Or il avait traversé l'Oued Sahel, et tous les mensonges qu'il avait débités au maréchal au sujet de sa prétendue tradition s'évanouissaient puisqu'il avait traversé la rivière et qu'il n'était pas changé en femme.

Telle fut sa première sortie de sa tribu de Loula ; telles furent les conditions dans lesquelles il vint pour la première fois de sa personne aux bureaux arabes.

Cependant sa tribu de Loula et celle des Beni-Lemdil ne cessèrent de continuer à le servir, lui fournissant leurs hommes et leurs bêtes de somme. Mais sous le commandement de M. le général Desvaux, chef de la province de Constantine, ce général ayant appris tout ce que ces deux tribus avaient à supporter de sa part en fait de corvées, d'injustices et d'exigences dont elles étaient excédées, abolit les obligations qui leur étaient imposées pour lui, et les soumit au paiement de l'impôt comme toutes les autres tribus. Seulement, en place du service qu'elles devaient au dit ·Ben Ali Chérif, elles furent tenues de verser leurs impôts entre ses mains et non au trésor. Elles restèrent dans cette situation pendant un certain nombre d'années.

Sous le commandement du seigneur-général Périgot, comme chef de la province de Constantine, ce général fit au dit la faveur de le nommer bach-agha de Chellata, et, en même temps, il lui retira le produit des impôts des deux tribus, lui assigna un traitement de douze mille francs et décida que l'impôt serait payé au Trésor de la même manière que pour les autres tribus, sauf au dit à prélever son salaire (de perception), comme tous les caïds. De plus, deux villages sont demeurés exempts d'impôts jusqu'à aujourd'hui. Ces deux villages qui comptent environ deux cents maisons, sont encore entiers et intacts; l'un se nomme le village d'El-Azib et est situé dans la tribu de Loula, et l'autre, le village de Bakhsem, se trouve dans la tribu des Beni-Aïdel. Ses cavaliers et ses serviteurs sont aussi tous exempts d'impôts.

Les registres des impôts peuvent témoigner de ce que j'ai avancé, donner les noms des imposés et indiquer à partir de quelle époque les deux tribus susdites ont versé au Trésor de l'Etat. Par eux on pourra aussi vérifier si les deux villages sus-mentionnés, les cavaliers et les serviteurs du dit, ont versé des impôts qui sont entrés dans les caisses de l'Etat. Et que s'il prétend que les deux villages susdits, que ses cavaliers et les serviteurs de toute nature de sa maison, n'ont ni valeurs mobilières ni biens-fonds, que ces gens le servent pour vivre et qu'ils n'ont pas de propriétés dont ils tirent profit, les registres des cadis montreront les ventes et les achats qu'ils affectaient touchant des biens qui leur appartenaient personnellement, avec leurs noms énoncés, comme les gens de toutes les tribus ayant des propriétés. Quant à Ben Ali Chérif, il ne peut évidemment les renvoyer en masse ou individuellement de leurs demeures, ni les chasser de leurs biens et de leurs propriétés, comme l'on fait de tous les serviteurs touchant des gages déterminés.

De plus, à l'époque où les tribus des Zouaoua (grande Kabylie), étaient dans l'insoumission, tribus dont quelques-uns étaient proches des dits ou les entouraient de leurs habitations, l'autorité française avait donné l'ordre aux gens soumis de ne pas prêter assistance aux insoumis, de les resserrer, et de ne traiter avec eux aucune affaire de vente ou d'achat, le tout pour obliger les Zouaoua à se soumettre, car leur territoire est restreint et ne suffit pas à nourrir sa population. Les tribus et leurs caïds obtempérèrent aux ordres de l'autorité : Ainsi, les Ouled-Mokrane, avec leurs goums, vinrent camper à l'Oued Sahel, et les Ouled-Kaci s'établirent à l'Oued-Amraoua ; puis ils ne cessèrent de combattre contre les révoltés en place des troupes françaises. Combien de combats furent livrés par les Ouled-Mokrane aux révoltés, à l'Oued Sahel, et combien par les Ouled-Kaci aux révoltés, à l'Oued-Amraoua? Cela finit par la mort du chérif Si Mohammed ben Abdallah bou Barla, tué par les Ouled-Mokrane à l'Oued Sahel.

(Combien de gens moururent parmi ceux que j'ai cités. Mais du côté de Ben Ali Chérif, personne n'est mort, car il était en paix avec les révoltés ; il laissait ses tribus commercer librement avec eux ; les révoltés venaient faire leurs affaires sur ses marchés, et personne ne s'opposait à eux. Il se maintint également en paix avec les chérifs qui se produisirent dans les tribus des Zouaoua ; il favorisait leurs transactions et leur procurait des chevaux et des armes. Il a toujours été en bonnes relations avec eux et n'a jamais manifesté d'hostilité contre les tribus des Zouaoua ni contre leurs chérifs. Il faut cependant faire une exception pour le chérif Bou Barla : c'était d'abord son grand ami, et il lui avait promis de lui envoyer un magnifique cheval qu'il possédait ; mais il n'osa accomplir sa promesse, de crainte que ce fait ne fut connu par l'autorité, car l'on savait que ce beau cheval gris lui appartenait. Il sollicita donc nombre de fois le chérif d'accepter un autre cheval à la place de celui-là, qui était trop connu de tous. Mais le chérif ne voulut pas en prendre un autre que celui qu'il lui avait promis autrefois. Ce fut la seule cause et l'origine de son inimitié avec le chérif.

Un jour, le chérif marcha contre lui, lui prit du butin et lui brûla celles de ses maisons qui se trouvaient à l'extérieur de la zaouïa ; mais il respecta la zaouïa et les maisons qui y étaient attenantes. Il fit grâce à ses femmes et à ses enfants et épargna ses biens. Quant à lui (Ben Ali Chérif), il avait abandonné ses enfants et ses femmes et s'était réfugié, seul, aux Beni-Mansour. C'est par cette circonstance que la fausseté des contes qu'il avait faits au seigneur maréchal gouverneur de l'Algérie a été découverte. C'est donc au chérif Si Mohammed ben Abdallah Bou Barla qu'on le doit, et je prie Dieu de l'en récompenser, puisqu'il a démasqué celui qui avait trompé le gouvernement, dans la personne du maréchal chef des chefs de l'Algérie !

Et si quelqu'un prétend que Ben Ali Chérif n'a jamais été allié avec les tribus révoltées et leurs chérifs, il devra nous prouver des faits d'hostilité de la part du dit contre les tribus insurgées, contre leurs chérifs et contre tout ennemi du gouvernement français, en quelque lieu que ce fut ; il devra établir dans quel temps il les a combattus, en quel lieu et à quelle heure, et dire combien de gens sont morts dans ses luttes contre les ennemis du gouvernement, ainsi que l'ont fait les Ouled-Mokrani à l'Oued Sahel, et les Ouled-Kaci à l'Oued-Amraoua. Car il est incontestable que ceux-ci peuvent indiquer clairement lesquels sont morts parmi eux, ainsi que parmi les cavaliers et les gens de leur suite, et donner les noms, les jours, les mois, les années, et indiquer la saison, hiver ou printemps.

Comme l'habitation de Ben Ali Chérif était fort proche des rebelles, ses bestiaux et ceux des rebelles pacageaient tous les jours dans les mêmes endroits, sous les yeux de Ben Ali Chérif, habitant à Chellata, au milieu des montagnes des Zouaoua ; il pouvait les voir du matin jusqu'au soir. Les rebelles se réunissaient chez lui.

Il a agi de cette façon trompeuse vis-à-vis du gouvernement jusqu'au moment où les troupes ont marché contre les Zouaoua. Alors il a tenu une de ses mains avec le gouvernement français, en se prétendant son conseiller et son ami sincère, et une main avec les rebelles, en les engageant à ne pas se soumettre et en leur fournissant des armes, des conseils et des renseignements sur la route prise par les troupes. Pendant le jour, il offrait ses avis à l'autorité

française, dont il se déclarait l'ami dévoué, et donnait
des indications pour les troupes. Puis, chaque fois
qu'il avait conseillé de prendre un chemin, le désignant comme le meilleur pour les troupes et comme
sûr et non occupé par l'ennemi, il en avertissait les
rebelles, et les soldats trouvaient cette route, qu'il
leur avait indiquée comme sûre, remplie d'ennemis et
difficile comme viabilité.

Tout cela a été bien vu par les soldats. Et chaque
fois qu'il a conseillé une voie comme sûre et paisible,
on n'y a trouvé qu'embûches, tromperie et massacre
abominable.

Jamais aucune tribu n'a offert sa soumission par
l'effet de ses conseils, si des troupes n'étaient pas
présentes, ainsi que l'ont fait bien d'autres caïds ; et
sans la puissance des colonnes, certes, les tribus des
Zouaoua ne seraient pas entrées dans la voie de l'obéissance.

Il a été fort ennuyé et fâché que les Zouaoua se
soient soumis, car il espérait que le gouvernement
négligerait les Zouaoua de son côté, de sorte que les
infamies, les mensonges et les faussetés qu'il commit
ne seraient pas connus.

Il a commis, à cette époque, une infamie qui a été
considérée comme un service rendu par lui. C'était la
première année que les troupes marchaient contre les
Zouaoua. Il s'entendit en secret avec les chefs de ces
derniers, et il leur dit de négliger de commencer les
hostilités, jusqu'à ce que, d'après son conseil, les
troupes eussent pénétré au cœur des tribus ; qu'alors
ils leur couperaient de tous côtés le chemin, et les
combattraient sans cesse, ne leur laissant de repos ni
jour ni nuit. Ces conseils furent suivis. Puis il entra
en pourparlers avec les troupes, et les engagea d'aller

camper à Souk-es-Sebt-N'aït-Yahia, au milieu des tribus des Zouaoua. Les soldats, prenant en considération ses conseils et ses avis, levèrent leur camp de l'Oued-Bou-Bekir, et allèrent, sans encombre, camper à Souk-es-Sebt-N'aït-Yahia : ils n'avaient rencontré personne. Mais à peine étaient-ils arrivés et établis en cet endroit, que de tous côtés ils furent attaqués nuit et jour, si bien que ces troupes faillirent périr, par suite du manque de vivres et de la façon dont elles furent pressées de toutes parts durant un mois environ. Ne pouvant, au bout de ce temps, ni revenir sur ses pas, ni pousser en avant, la colonne se décida à payer une très-forte somme d'argent à Ben Ali Chérif, qui prétendait devoir la verser aux chefs des tribus rebelles, afin qu'on livrât passage aux troupes pour revenir sur leurs pas à l'Oued-Bou-Bekir. Cela ayant été fait, les soldats rentrèrent en paix à Bou-Bekir. Tel est le service qu'il a rendu au gouvernement français. »

La seconde année que les troupes revinrent chez les Zouaoua, elles découvrirent sa fausseté et celle de ses pareils, cachèrent à tous leurs intentions et suivirent leur propre impulsion ; c'est pourquoi elles furent exemptes des fourberies et des embûches dont elles avaient eu à souffrir la première année. Les tribus des Zouaoua se soumirent à elles, autant parce qu'elles n'avaient reçu les conseils de personne, qu'en raison de la force des troupes. Et ces tribus sont restées soumises jusqu'à présent.

A l'époque où le gouvernement a destitué son beau-frère (ou beau-père) Bou Ackaz ben Achour et l'a incarcéré, il (Ben Ali Chérif) s'est préparé, avec son ami le bach-aga El Mokrani, à entrer en lutte contre l'autorité française, à cause de son beau-père. Ils se sont entendus avec leurs amis les grands chefs arabes, et, à la suite de cela, les fils de Sidi Hamza, le caïd Bou Dissa et le caïd Brahim ben Bou Aziz se sont mis en état de révolte et ont tous pris les armes contre le gouvernement français, en exécution de la convention qu'ils avaient arrêtée entre eux auparavant. Mais les précédents ne les ont pas soutenus. / Le motif de leur défection et ce qui a arrêté leurs projets, c'est que le seigneur général Périgot, ancien commandant de la province de Constantine, s'étant mis en route, à la tête d'une colonne, pour marcher contre les rebelles de Bouçada, apprit, lorsqu'il arriva à Bordj-Bou-Arréridj, que le bach-aga El-Mokrani et les gens dépendant de lui se disposaient à entrer en lutte contre l'autorité rançaise. Cela ne fit plus de doute pour lui lorsqu'il sut que ces gens avaient éloigné tous leurs biens et les avaient expédiés à la Kalaa des Beni-Abbès.

Le général ayant ainsi acquis la certitude de leurs intentions malveillantes, s'établit avec sa colonne à Bordj-bou-Arréridj, et y resta jusqu'à ce que la paix fut rétablie. Il envoya à Bouçada une autre colonne, et fit partir avec elle le bach-aga El-Mokrani avec ses gens, en donnant des instructions pour qu'on ne le laissât jamais en arrière des troupes, mais qu'on le mit toujours en tête de la colonne expéditionnaire. Tels sont les motifs qui ont empêché les dits de donner suite à leur projet d'entrer en lutte contre le gouvernement français, en même temps que les fils de Sidi Hamza. C'est uniquement au séjour du seigneur général susdit à Bordj-Bou-Arréridj qu'il faut l'attribuer.

Il est indubitable que les registres (archives) des bureaux arabes de Bordj-Bou-Arréridj et de Bouçada doivent témoigner de l'exactitude de ces faits, et établir qu'il (le bach-aga) avait fait transporter tous ses biens hors de son territoire pour les conduire dans la montagne, et qu'il se disposait à suivre la voie de qui a été dit,

C'est encore pour le même motif qu'ils s'appliquaient à cette époque à allumer le feu de la révolte dans le territoire de Takitount et le cercle de Djidjeli, en donnant pour cela de l'argent aux notables des tribus. Ils espéraient ainsi que le gouvernement pardonnerait à Bou Ackaz ben Achour, beau-père de Ben Ali Chérif, le renverrait dans son territoire et lui rendrait son caïdat, après s'être convaincu que Bou Ackaz seul pouvait maintenir ces tribus dans l'obéissance. Mais leur espoir fut déçu.

L'autorité française eut la connaissance certaine de ces faits dans tous leurs détails ; mais elle négligea à ce moment de prendre une décision à l'égard desdits, et ce ne fut qu'après que la pacification du pays eut été obtenue sans leur secours, et lorsque les affaires du commandement eurent repris leur cours régulier, que le seigneur général Augereau, commandant alors à Sétif, engagea les dits (le bach-aga et Ben Ali Chérif) à aller habiter Alger avec leurs familles, auprès du maréchal, pour prévenir l'effet des mauvais renseignements que celui-ci pourrait recevoir ultérieurement de l'autorité locale.

Tels sont les motifs qui les ont portés à acheter des immeubles à Alger et à s'y fixer définitivement. L'autorité se disposait à leur ordonner de rejoindre Bou Ackaz à Alger, et par leur ruse ils ont prévenu ses intentions, d'accord en cela avec le commandant susdit de Sétif et avec son aide.

De même, dans ces dernières années, c'est-à-dire il y a environ six ans, il (Ben Ali Chérif) s'est disposé à entrer en hostilité contre l'autorité française ; il avait en sa possession un écrit de son aïeul, dans lequel se

trouvaient de nombreuses prédictions en langue kabyle, relatives à l'art de découvrir l'avenir. Une entre
autres de ces prédictions annonçait que le gouvernement français devait s'emparer d'Alger et de son territoire, et cela un certain temps avant que cette conquête n'ait été effectuée. Une autre prédiction indi-
quait les signes qui précéderaient la cessation de cette
occupation. Il (Ben Ali Chérif) se renferma alors dans
le sanctuaire particulier de son aïeul et demeura in-
visible à tous ; et quand quelqu'un de son territoire
venait le trouver pour lui exposer une plainte, il lui
disait : « Je n'ai plus à m'occuper du service du gou-
« vernement français ; le terme qui lui a été assigné
« est échu ; j'en ai trouvé l'annonce dans l'écrit de
« mon aïeul. »

Cette nouvelle s'étant répandue chez tout le monde
parvint à toutes les autorités, et fut transmise de par
tout dans les dépêches. Le chef de la province, le
seigneur général Périgot, ordonna alors au commandant supérieur de Sétif de se rendre auprès de Ben
Ali Chérif, pour éclaircir cette affaire, ce qui du reste
lui avait été demandé par ce commandant. Lorsque
celui-ci arriva chez lui, à Chellata, il constata qu'il se
trouvait dans une situation conforme aux renseignements qui couraient sur lui. Il lui adressa alors des
conseils relativement à cette manière d'être, lui fit des
représentations et le menaça de la colère du gouvernement s'il persistait dans cette voie. Ben Ali Chérif,
obtempérant à ces ordres, sortit de sa retraite, reprit
son ancienne manière d'être, se rendit avec le commandant sus mentionné à Sétif, et de là à Constantine, pour faire cesser les bruits qui couraient sur son
compte. Quant au commandant de Sétif, il cacha sa
conduite, ne dit rien qui put lui être nuisible, et pré-
tendit qu'il l'avait trouvé malade.

Dans l'année 1871, lorsque les caïds se sont réunis chez lui, dans le but de nous faire faire la paix, réunion que nous devrions plutôt appeler de l'écorchage (jeu de mots entre *Slah* et *Slekh*), et à laquelle assistaient, en outre de l'écrivain du présent, du bach-aga El Mokrani, un grand nombre d'autres personnes, qui ont été désignées à l'instruction, Ben Ali Chérif, après que l'entente pacifique eut été conclue nous a montré l'écrit de son aïeul dont il a été parlé. Tous les assistants le saluèrent, puis il nous en donna lui-même la lecture, ce qui aurait été difficile à tout autre, puisqu'il était rédigé en langue kabyle, à moins cependant qu'on l'eût déjà vu antérieurement, comme le bach-aga El Mokrani, comme Si Ben Djeddou, caïd des Beni-Yala, et comme Si Mohammed Tahar ben Ktouf, caïd des Beni-Ourtilane, car ces trois personnages le connaissaient parfaitement. Cette pièce prédisait l'évacuation du pays par le gouvernement français pour l'époque où il occuperait Akbou et voudrait labourer son territoire. Toutes les tribus, en particulier et en général, en avaient entendu parler depuis fort longtemps.

En somme, il est certain que si l'autorité parcourait ses registres (archives), elle constaterait des faits plus nombreux et plus graves que ceux que j'ai relatés à l'encontre de Ben Ali Chérif et du bach-aga El Mokrani ; car, depuis l'époque où Bou Ackaz ben Achour a été destitué de ses fonctions et incarcéré, ils ont pris la résolution d'entrer en hostilité contre le gouvernement français, mais ils n'avaient pu trouver d'occasion et s'étaient de plus en plus fortifiés dans ce dessein, jusqu'à ce que l'année 1871 s'offrit à eux. Ils saisirent alors cette excellente occasion d'entraîner, par leurs tromperies, leurs mensonges et leurs faux rapports, les gens à leur suite.

De ce que nous avons relaté ci-dessus, nous déduisons que certains chefs militaires, tels que le seigneur général Augereau et le seigneur commandant Reilhac, ont autorisé ce qu'ils savaient être fait par les dits, et notamment leur fuite d'Alger, en emmenant leurs familles et leurs serviteurs, dans l'année 1871.

Je vais indiquer une preuve qui pourra établir clairement qu'ils avaient donné leur autorisation à ces actes. C'est d'abord, à l'encontre du commandant de Bougie : la tribu de son ami Ben Ali Chérif était en lutte, et ses gens combattaient chaque jour les uns contre les autres avec les armes à feu, tandis que lui, Ben Ali, habitait au milieu d'eux. Le commandant, sans s'occuper de lui et de sa tribu, marcha contre nous, avec ses troupes, pour nous repousser de l'ombrage de l'arbre de l'obéissance au gouvernement, et dans le but de dissimuler les fautes de son ami en attirant l'attention sur les nôtres. Voici, ci-dessous, les noms des gens de la tribu de son ami qui ont été tués. Il est nécessaire que l'autorité réclame à ce seigneur (le commandant) la liste nominative des gens de la tribu de Ben El Haddad qui ont été tués en luttant avec les dits ou avec tous autres, et s'il est reconnu que ces batailles ont eu lieu dans la tribu de son ami, il est indispensable qu'il soit puni pour ces faits, ou sinon le gouvernement devra pardonner à tous ceux qui ont pris les armes pour le combattre, quels qu'ils soient, parmi eux ceux qui ont ordonné aux leurs de prendre les armes.

Le relevé de ceux qui ont été tués ou blessés dans la guerre entre les deux *sof* (partis), au milieu desquels habite Ben Ali Chérif, et dont le commandant Reilhac ne s'est pas occupé, se monte à vingt-neuf hommes. Quant aux noms des deux *sofs*, bien connus depuis fort longtemps, l'un est le Sof-Fokani (supérieur), et l'autre le Sof-El-Asfil (inférieur).

Noms des personnes tuées du Sof-Fokani.

1. Bel Kacem ben Amara, du village des Ouled-Selam ;
2. Mohammed Amziane ben Sedour, du village de Azouna ;
3. Ahmed ben Bel Kacem, du village de Tirilt-Amkhlouf ;
4. Abd Allah ben Mammar, du village de Tesilent ;
5. Saïd ouf Khrouna, du village de Tesilent ;
6. Saïd ou Rchalane, du village de Tesilent.
En total six.

Noms des gens du Sof-Fokani qui ont été blessés dans ladite guerre.

1. Messaoud ben Amara ben Idir, du village des Ouled-Selam ;
2. Bel Kacem ben Rabah, du village des Ouled-Selam ;
3. Ahmed ben Kemane, du village d'Azoum ;
4. Ahmed ben El Hoccine, du village de Tirilt-Amkhlouf ;
5. Ahmed ben Douach, du village des Ouled-Selam ;
6. Saïd ben Mohammed, du village des Beni-Selam ;
7. Mohammed ben Ahmidane, du village de Tesilent ;
8. Amar ben Kaci, du village d'Azoum ;
En total, huit.
Total des morts et des blessés susdits : Seize, d'un Sof.

Noms des morts du Sof-Sefli dans ladite guerre.

1. Said ben El Hoccine, du village d'Azoum ;
2. Bou Djemmaa N'ait Thabet, du village de Tiza-Mali ;
3. Mouch N'ait Selmane, du village d'Iril-Ailef ;
4. Ould Said ben Selmane, du village d'Iril-Ailef.
En total, quatre.

Noms des gens du Sof-Sefli qui ont été blessés
dans ladite guerre.

1. Amar ben Oudia, du village de Tiza-Mali ;
2. Tahar ou Azaza, du village de Tiza-Mali ;
3. Hammou ben Si Ali, du village d'Iril-Ailef ;
4. Ould Arzek ben Slimane, du village d'Iril-Ailef ;
5. Mouch Aitouchene, du village de Reçane ;
6. Tahar ben Aissa, du village de Tezrart ;
7. Said ou Ahboucha, du village d'Agrem ;
8. Said ben Chalal, du village de Tiza-Mali ;
9. Said N'ait Ahmed, du village de Tiza-Mali.
En total, neuf.
Total des morts et des blessés du Sof susdit : treize.

Quant aux noms des principaux de sa tribu (de Ben Ali Chérif), qui ont, comme lui, témoigné leur joie de l'arrivée du frère du bach-aga, lorsqu'il est venu vers eux avec son goum pour les entraîner à la révolte contre le gouvernement français, je les donnerai ci-après. Ces gens se sont réunis à lui sur l'ancien marché du Lundi (Souk-el-Ethnine-el-Kedima), et tous ont passé la nuit au village de Taslent, dans la maison des Ouled-Skouna, du Sof-Sefli. Ces gens ont fait audit frère du bach-aga le meilleur accueil et lui ont offert la plus large hospitalité. Il a réconcilié les deux Sofs, qui lui ont promis de mettre fin à la guerre qui les divisait et de prendre les armes avec lui. Le lendemain, ils l'ont accompagné au marché du Lundi, qui se tient près d'Akbou, et ont proclamé l'insurrection.

Les gens qui se trouvaient ce jour-là au marché étaient venus de toutes les directions, sans autre but que de faire leurs affaires, comme en temps ordinaire. Pendant une et deux heures, le frère du bach-aga n'a cessé de circuler sur le marché avec son goum, au milieu de ces gens ; puis il est allé descendre au bordj, avec sa suite, chez Ben Ali Chérif.

Il est évident que si cela n'avait pas été d'après l'avis de Ben Ali Chérif et avec son agrément, le frère du bach-agha El Mokrani ne serait pas venu de la Medjana avec une escorte de quinze cavaliers et une suite de cent ou deux cents hommes des Beni-Abbès et Beni-Mellikech, et n'aurait pas pénétré ainsi dans la tribu de Loula, avec des hommes en armes. Le bach-aga de Chellata et son fils le caïd des Beni-Aïdel qui ont sous leurs ordres des tribus nombreuses, ne les auraient pas retenus.

Voici les noms des principaux de sa tribu (de Loula), qui, comme lui, désiraient se mettre en guerre contre l'autorité (française) et se sont rencontrés avec le frère du bach-aga El Mokrani : 1° pour le Sof El-Asfel :

1. Bel Kassem ben Aïssa, du village d'Aïth-Ame-raziane ;

2. El Bachir Naït Slam, du même village ;

3. Arab el Bachir, du village d'Iril-Aïlef.

4. Saïd bel Haïm, du même village ;

5. El Hadj Mohammed Saïd Ekhetem, du village de Reçane ;

6. El Hadj Latameni, du village d'Ag'rem ;

7. Arab ben Ikene, également d'Ag'rem;

8. Belkassem ben Amara, du village des Ouled-Amed-Ziane.

En total pour un sof : 8.

2° du sof Fokani :

1. El Hadj Saïd Skouna, du village de Toslent ;

2. El Hadj Belkassem Skouna, du village susdit ;

3. Mohammed ben Saïd, du même village ;

4. El Hadj Ali ben Amram, du même village ;

5. Amed ben Belkassem, du village de Tir'ilt-Amkhlouf ;

6. Amar ben Amer, du même village ;

7. Amara N'aït Amara, du village des Oulad-Slam ;

8. Amer ben M'dach, du même village ;

9. Mohammed ben Rabah, du même village ;

10. Mohammed ben Amara ben Idir, du même village.

En total pour l'autre sof : 10.

Il est nécessaire que les dépositaires de l'autorité fassent des recherches pour constater si les personnes que j'ai citées nominalement ont été réellement tuées et blessées dans les luttes qui ont eu lieu entre les deux sof, antérieurement à la révolte ; ils verront s'ils trouvent leurs noms sur les registres des prisons ou sur ceux de l'autorité judiciaire en raison des faits survenus entre eux (les deux sof), avant la révolte. Ils constateront aussi si les noms des principaux de sa tribu ne se trouvent pas avec ceux des gens qui ont été emprisonnés et poursuivis pour faits d'hostilité contre le Gouvernement.

Quant à ce que j'ai raconté relativement à Ben Ali Chérif et au commandant de Bougie, c'est l'expression de la vérité, c'est même peu, en raison de ce qui leur est personnel. Quant aux témoignages qu'ils ont déposés contre moi, ils sont faux et injustes. Ils n'ont cherché qu'à satisfaire leur intérêt personnel et non celui du gouvernement. J'en parlerai plus loin.

✗ Le motif qui nous a poussés à entrer en hostilité contre le gouvernement français, n'est autre que la manière d'agir du général Augereau. Ce chef a été commandant supérieur de Sétif pendant longtemps. Il connaissait la situation des sof (partis) entre lesquels étaient partagées les tribus Arabes et Kabyles. Pendant la période de son commandement, les gens n'ont pas obtenu satisfaction pour leurs droits parcequ'il penchait beaucoup trop d'un côté et négligeait complètement l'autre.

Parmi les faits de cette nature dont nous avons été témoins, de sa part nous avons, nous membres de la famille du cheikh El Haddad, ouvertement été entraînés par lui à la perte de nos droits comme cela sera relaté plus loin.

C'est pour notre perte qu'il s'est appliqué à nous réconcilier avec Ben Ali Chérif et que les caïds se sont interposés auprès de nous dans l'année 1871. C'était sous le prétexte de s'assurer si nous étions disposés à servir le Gouvernement sans aucune défaillance ni arrière-pensée; mais de là, devait résulter notre perte. Quant à son ami Ben Ali Chérif, il savait bien qu'il devait se séparer du Gouvernement français puisqu'il s'éloignait de lui, tandis que le gouvernement lui était encore attaché. En effet, en considérant le grand nombre de fautes commises par Ben Ali Chérif, il est indubitable que ses écarts n'aient été la raison qui a fait tout mettre à notre charge, puisque nous n'avons jamais commis de fautes pouvant être comparées aux siennes.

✗ D'abord il a apposé sa signature à une déclaration affirmant qu'il n'accepterait et ne supporterait pas le régime civil et il s'est engagé par serment à ne pas le servir.

Secondement, il a écrit à l'Empereur vers la fin de l'année 1870, une lettre signée avec lui par environ vingt-quatre caïds et chefs. Les noms mentionnés sur cette lettre étaient ceux du bach-aga El Mokrani, du bach-aga de Chellata et de leurs amis, bien connus de ceux qui ont ordonné l'impression de cette lettre dans le *Mobacher*. Il offraient dans cette missive à l'Empereur de le soutenir par trois choses: 1º par leurs personnes ; 2º par les gens dont ils disposaient, et 3º par leurs fortunes. Mais peu de temps après, l'Empereur a été renversé et un Conseil républicain l'a remplacé. Alors ce Conseil a invité les dits à justifier par des actes les termes de leur lettre ou, au moins, à accomplir une des trois choses qu'ils promettaient.

Mais ils n'accomplirent pas la promesse qu'ils avaient faite et ne remplirent pas l'engagement qu'ils avaient pris avant que le gouvernement leur en demandât l'exécution. En conséquence, ils eurent peur du Conseil (gouvernement de la Défense nationale), puisqu'ils lui avaient fait des promesses et l'abandonnaient. En effet, ils s'étaient engagés à soutenir le gouvernement français de leurs personnes, des gens dont ils disposaient et de leurs biens, contre ses ennemis les Prussiens, tant que le feu de la guerre serait entre les deux nations ; le gouvernement français avait donné à tous les peuples connaissance de cette lettre en la faisant imprimer dans le *Mobacher* et les journaux ; ils s'étaient glorifiés de leur dévouement, à l'évolusion des autres Arabes ; si bien que celui d'entre eux qui n'avait pas fait les mêmes offres se sentait rabaissé et humilié. Mais, voilà que lorsque le Gouvernement réclame le secours de ceux qui s'étaient tant flattés de le soutenir, ceux-ci démentent la gloire dont ils s'étaient parés eux-mêmes !

Pendant ce temps, nous autres, avec la famille du cheikh Ben el Haddad et nos gens, qui n'avions fait au Gouvernement aucune promesse du genre de celles faites par les autres, nous n'étions pas requis de lui fournir l'appui de nos personnes, de nos gens et de nos fortunes, comme d'autres étaient requis de le faire et s'y refusaient.

Alors ils commencèrent à attirer les gens à leur suite pour les associer à leurs tromperies, de façon que tous les Arabes se trouvassent en défaut et que le gouvernement, occupé des méfaits de ces derniers, négligeât les leurs. Cette situation fut le résultat de la lettre qu'ils avaient écrite et de la destitution de l'Empereur, et se dessina à partir du jour où le Conseil républicain prit le pouvoir.

Tous les chefs indigènes et une partie des chefs des Bureaux arabes n'agirent plus que dans un esprit de fourberie et de désordre ; mais je ne puis, à ce sujet, faire de distinction précise entre ces chefs indigènes et ces chefs de bureaux. Ce que je puis dire, c'est qu'à la fin de l'année 1870, et au commencement de 1871, s'il survenait un événement et que quelqu'un allât porter plainte au bureau arabe, de faits à son préjudice, en déclarant par qui il avait été frappé ou en désignant les noms de ceux qui avaient tué soit son fils, soit son frère, soit un de ses parents, soit un de ses serviteurs, ou de ceux qui lui avaient pris son bien injustement ou refusaient de s'acquitter d'une dette, on lui répondait au bureau de cette façon : « Actuellement, nous ne nous occupons que de nous et ne pouvons examiner vos affaires. Retournez donc chez vous, votre caïd rendra une décision entre vous et celui dont vous vous plaignez. Celui qui en ce moment est soumis à notre obéissance, doit obtempérer aux ordres de son caïd et prendre garde de ne pas les transgresser ; lorsque nous serons délivrés de nos ennuis, nous le récompenserons. »

Les titulaires de fonctions indigènes disaient à tous : « L'autorité militaire va de nouveau nous diriger et « l'autorité civile n'aura plus d'action ; sinon nous « prendrons les armes avant vous ou en même temps « que vous ; nous ne vous quitterons pas, nous serons « avec vous, nous-mêmes avec nos enfants, nos biens, « nos gens, nos partisans et nos propriétés qui valent « mieux que les vôtres ! »

Tels sont les actes et les paroles dont nous avons été témoins de leur part.

Et entre autres : Ben Ali Chérif habitait à Alger avec ses enfants pendant le moment de la paix ; mais à l'époque de la guerre, le voilà qui s'enfuit de l'endroit de la tranquillité pour venir vers celui du désordre, nous fournissant, ainsi qu'à bien d'autres, un motif d'étonnement à cause de sa fuite d'Alger, avec sa famille pour rentrer dans sa tribu. S'il avait désiré le maintien de la paix, ne serait-il pas resté à Alger avec ses enfants, comme il en avait l'habitude, vivant dans la tranquillité ? Si, alors, il fut resté en résidence à Alger, la paix eût continué à être générale dans le territoire de Bougie, car ses ennemis eussent eu peur de lui et ses amis eussent craint pour lui.

Il aurait pu encore, en venant lui-même, laisser sa famille à Alger, selon son habitude. Et s'il prétend qu'il a quitté Alger avec sa famille pour venir dans sa tribu y maintenir la paix, son devoir était aussi de ne pas laisser les gens de sa tribu de Loula s'entretuer avant la révolte du bach-aga.

Pour nous, Ben Ali Chérif s'est révolté avant le bach-aga El Mokrani, car il était dans l'obligation de combattre le frère du bach-aga quand il est venu vers lui et a assisté à son marché du lundi à Akbou, avec son goum et les gens des tribus des Beni-Mellikech et Beni-Abbès. Son devoir était de réunir ses tribus et celles de son fils, car ils en ont un grand nombre dans leur territoire et ont sous leurs ordres près de quarante cheikh, et si alors, nous et les gens du cheikh Ben el Haddad avec nos adhérents, avions refusé de combattre le frère du bach-aga quand il venait vers lui et vers sa tribu, il serait en droit de nous le reprocher.

Il devait le fuir et éviter totalement de le rencontrer, puisque c'était un ennemi du gouvernement où, s'il marchait à sa rencontre, ce devait être pour le combattre. Que si, à cause de son frère le bach-aga El Mokrani, et des bonnes relations qui existaient entre eux depuis longtemps, il n'osait et ne pouvait le combattre et le chasser de son marché, de son bordj et de sa tribu, il devait, au moins, renvoyer les gens du cercle de Bordj-Bou-Arréridj qui venaient en grand nombre sur ses marchés : le marché du lundi était rempli de gens des Beni-Mellikech et Beni-Abbès, car il est proche de leurs limites et ils venaient y vendre des objets provenant du pillage de Bordj-Bou-Arréridj ; le marché du jeudi à Tansâote était fréquenté par les Maïne, les gens de Zamora, les Beni-Yala et les Beni-Ourtilane, qui y apportaient les mêmes objets que les précédents. Ces deux marchés dépendent de son commandement.

Si enfin, en considération du bach-aga, il ne pou-

vait chasser ces gens de ses marchés, son devoir était
de les supprimer entièrement et d'empêcher qu'on s'y
réunît : c'était là le moyen le plus simple.

Et si l'on objecte qu'il ne pouvait rien faire de tout
cela, il devait alors abandonner ses tribus et se réfugier auprès de l'autorité française. Puisqu'il voyait ses
tribus prêtes à entrer en lutte contre le Gouvernement et disposées à écouter les paroles du bach-aga
El-Mokrani et à le suivre ; que lui n'était disposé à combattre ni le bach-aga ni le Gouvernement et qu'il ne
voulait pas prendre de parti, il devait cesser de résider
au milieu d'eux. Il en avait alors toute facilité, car
la paix régnait encore dans la province de Bougie et
dans celle de Dellys. Personne ne lui eut barré le
passage.

Le commandant de Bougie, M. Reilhac, est venu
le voir deux ou trois fois, après que le bach-aga El
Mokrani fut sorti de l'obéissance et avant que nous
ne l'eussions imité. C'était après le retour de Ben
Ali Chérif, d'Alger ; l'on apprenait qu'il venait seul de
Bougie, et cependant il parvenait à Akbou et rentrait
à Bougie sans que personne lui barrât le passage ou
vînt l'attaquer dans les endroits où il passait la nuit,
et pourtant, il n'avait que quatre à six cavaliers avec
lui. Il est incontestable que ce fait qu'il pouvait,
après la révolte du bach-aga, venir sans encombre à
Akbou, témoigne en notre faveur, de notre désir de
maintenir la paix, ce à quoi nous n'avons pu parvenir,
car si nous avions cherché à amener la révolte, nous
eussions certainement tué ce commandant. Et à
celui qui dira que nous ne pouvions pas le faire à
cause de Ben Ali Chérif, nous répondrons : Dieu soit
loué ; voici qui prouve que nous voulions la révolte !
Il (Ben Ali Cherif) a pu protéger son ami, et il n'a

pas eu la puissance de préserver les biens des Mer-
kantis (colons).

Si quelqu'un prétend qu'il ne pouvait s'enfuir en
emmenant sa famille et ses biens, que le moment
était difficile et ne lui permettait peut-être pas de se
sauver seul, nous lui objecterons qu'après la révolte
du bach-aga El-Mokrani et avant la nôtre, il s'est
rendu seul à Alger par la voie de la mer et qu'il est
revenu par la route de Zouaoua (la Kabylie). Après
son retour, il a prétendu, dans un but de tromperie,
qu'il se disposait à se rendre à Tunis, ses serviteurs
ont répandu cette nouvelle le concernant dans les
tribus. Alors, les principaux des tribus se sont rendus
auprès de lui et l'ont prié de rester dans son pays et
dans sa tribu ou bien de se rendre à Alger avec sa
selle (seul), selon son habitude, mais de renoncer à
aller à Tunis, ville éloignée et située hors du territoire
du gouvernement français.

J'étais présent à cette entrevue, ainsi que mon
frère Mohammed. Le cheikh El Haddad nous avait
choisi parmi tous et envoyés près de lui, afin qu'il ne
pût supposer que nous étions contents de le voir
quitter le pays et abandonner le territoire du gouvernement français, ce qu'il n'aurait pas manqué de faire
si nous n'étions pas venus vers lui.

La conversation que j'ai tenue à Ben Ali Chérif, en
présence des assistants, peut se résumer ainsi :

« Si votre dessein de vous rendre à Tunis est mo-
» tivé par la crainte que le Gouvernement n'ait des
» soupçons sur vous, en raison de votre amitié avec
» le bach-aga El-Mokrani, nous enverrons, comme
» cautions, nos frères et nos fils à Bougie. Chacun de
» ceux qui sont venus vers vous, enverra à Bougie
» son frère ou son fils pour y habiter avec sa famille,

» à titre d'ôtage. Cela nous sera profitable ainsi qu'à
» nos tribus; car, on ne pourra soupçonner aucun de
» nous de se disposer à la révolte. Cela nous sera
» non moins utile, car le Gouvernement ne pourra
» voir, dans votre amitié avec le bach-aga, aucune
» raison de suspecter vos intentions. »

Il me répondit en ces termes :

« Si je me dispose à partir pour Tunis, ce n'est
» pas par crainte des soupçons du Gouvernement,
» car si c'était pour ce motif, je serais allé habiter ma
» maison d'Alger, avec ma famille selon ma coutume ;
» en me voyant ainsi au milieu d'eux, les Français ne
» pourraient m'attribuer aucune mauvaise intention,
» et il ne serait pas nécessaire que je partisse pour
» Tunis. Voici ce qui motive ma résolution : Les
» caïds vont tous refuser obéissance au Gouverne-
» ment et seront suivis de leurs tribus. Il ne veulent
» pas servir le régime civil. Le gouvernement du
» Conseil républicain n'est qu'un gouvernement de
» femmes. Si donc, refusant de les suivre dans cette
» voie, je conservais seul la paix, il est indubitable
» que je m'exposerais à toute la colère des chefs mi-
» litaires ; car nous leur avons, le bach-aga El Mo-
» krani, moi et bien d'autres, promis en diverses oc-
» casions que nous n'accepterions pas ce régime et
» que nous ne servirions plus l'autorité si elle deve-
» nait civile.

» Les chefs militaires, de leur côté, ne l'accepte-
» ront pas encore et il y aura des luttes et des com-
» bats entre les deux régimes. Et nous qui avons
» éprouvé tant de bien de leur part, en toute occa-
» sion, pouvons-nous les trahir ?

» Si donc en venant vers moi vous avez été mus
» par des intentions pures, vous ne contreviendrez pas

» à leurs ordres, vous vous conformerez à leur désir.
» Vous vous garderez de vous rendre à Bougie ; vous
» attendrez que la colonne sorte de Bougie et marche
» contre nos révoltés ou contre quelqu'un de nous,
» alors, vous prendrez les armes et vous vous avan-
» cerez à sa rencontre : aussitôt la colonne rentrera,
» car les chefs militaires sont extérieurement pour le
» gouvernement civil, mais intérieurement, ils sont
» contre lui. Ils marchent contre nous, comme s'ils
» étaient bien disposés à nous combattre, et déclarent
» que nous sommes en insurrection ; puis ils battent
» en retraite et se dépêchent de rentrer de crainte
» que le gouvernement ne conçoive des doutes sur la
» réalité de leurs rapports. Car intérieurement ils
» sont avec les Arabes et n'ont nullement envie de
» les combattre. S'ils marchent contre eux et qu'ils
» rentrent ensuite, on en conclura qu'ils ne rentrent
» que parce qu'ils ne peuvent rien contre la révolte
» et que parce que tous les Arabes vont se mettre en
» insurrection : — « Nous avons craint, diront-ils,
» que nos communications avec la ville ne fussent
» coupées, car nous avons vu de nos yeux la situa-
» tion. » (1)
    » Voyez en effet ce qui a lieu pour le bach-agha
» El Mokrani ; deux colonnes ont marché contre lui,
» une de Sétif et l'autre d'Aumale (Sour-el-Kozlane) ;
» ces colonnes sont renforcées des caïds avec leurs
» goums, tandis que les Ouled-Mokrani et leurs ser-
» viteurs sont divisés et qu'une partie des leurs est
» pour le gouvernement. Si les chefs militaires avaient

(1) C'était prophétiser certaines retraites qui ont eu lieu en
effet, que rien n'a justifiées. Se rappeler aussi l'épisode
Trinquant. *(Note du défenseur).*

» l'intention de servir avec sincérité leur gouverne-
» ment et s'ils n'étaient pas satisfaits de la révolte
» des indigènes et des désastres des colons, le bach-
» agha Mokrani pourrait-il seul tenir en échec deux
» colonnes ? Ils le ménagent et prolongent la lutte
» avec lui comme s'ils combattaient un fils ou un ami
» qu'ils auraient peur de tuer. » C'est ainsi qu'il ex-
posa les faits à l'assistance.

« Je me résume, ajouta-t-il, si vous voulez que je
» renonce à me retirer à Tunis, prenez les armes
» pour combattre contre le gouvernement de la Ré-
» publique. Nous ne reviendrons à l'obéissance que
» lorsqu'un gouvernement militaire aura repris le
» pouvoir, et s'il arrive la moindre disgrâce à quelqu'un,
» je m'en porte caution. »

Mais les gens ne pouvaient vraiment, sans motif
sérieux, prendre les armes pour combattre le gouvernement. Nous lui répondîmes donc qu'il ne nous était
pas possible de prendre, seuls, les armes, pour lutter
contre le gouvernement et de susciter, sans motif, la
révolte contre lui.

« Vous avez raison, — nous dit-il, — toutefois te-
» nez-vous prêts, et si le commandant de Bougie
» marche contre vous avec ses troupes, pour vous
» attaquer avant que vous ne l'ayez attaqué vous-
» mêmes, prenez les armes, et allez à sa rencontre
» comme pour lui offrir le combat. De cette manière,
» les chefs se trouvant avec lui, qui pourraient être
» partisans du gouvernement civil, vous verront et se
» convaincront que vous avez quitté l'obéissance au
» gouvernement. Quant à lui (le commandant), il
» vous tournera le dos, ne vous écrira pas pour vous
» inviter à la soumission et ne vous offrira pas le
» combat, et cela en raison de sa haine pour le gou-

» vernement civil et de son désir de voir les colons
» essuyer des désastres. »

Tels sont les faits qu'il nous a présentés à ce moment. Il est certain que les personnes qui assistaient
à la réunion et l'ont entendu tenir ce discours, ne
pourront maintenant témoigner contre lui, et cela en
raison de l'action funeste qu'exerce le commandant
de Bougie, lequel est encore en fonctions, et de Ben
Ali Chérif qui est toujours dans la prospérité, car le
mal qu'il a fait est mis à notre charge : si nous n'étions
pas en prison, certes, les gens porteraient témoignage
en notre faveur, et si Ben Ali Chérif se trouvait sous les
verroux et que le commandant de Bougie fut changé
de place, les tribus viendraient à coup sûr témoigner
contre lui et raconter les paroles qu'elles lui ont entendu prononcer. On trouverait alors que si nous,
gens de la famille du cheikh El Haddad, nous avons
commis autant de crimes, de ruses, et de tromperies
que Ben Ali Chérif et ceux de sa suite, ou fait, seulement, une partie de ce qu'ils ont fait, ce que nous
a pris le gouvernement serait peu de chose compara-
tivement à ce qui aurait été mérité.

Le gouvernement tourne sa fureur d'un côté : il
spolie, couvre d'opprobre, ruine, emprisonne ceux
qui en font partie ; Quant à l'autre côté, il ne s'en
occupe pas, bien mieux, il le protége, le comble de
faveurs et l'exempte de l'impôt, de l'amende, de la
prison et de la ruine. Cela peut-il être appelé agir
avec justice ? Ne semble-t-il pas, au contraire, que le
soleil a été tellement obscurci par les nuages qu'il a
disparu (1) ?

(1) Ben Ali Chérif a été, en effet, par je ne sais quelle
grâce d'Etat, maintenu en liberté durant tout le temps de

Si, au contraire, les deux côtés avaient éprouvé de la part du gouvernement la même irritation ou la même clémence, les témoins auraient déclaré ce qu'ils avaient entendu dire de part et d'autre, en bien et en mal. J'en conclus que le gouvernement désirait notre ruine particulière, car, autrement, il aurait incarcéré les deux côtés, puisqu'il avait trouvé l'un et l'autre au milieu des rebelles dans le territoire de l'insurrection.

On a donné le nom de « combattants de la guerre sainte » aussi bien aux révoltés qu'aux gens qui allaient sur les marchés pour leurs affaires. Or, comment reconnaître la sincérité des gens qui viennent un jour donné sur un marché spécial et ne font pour cela qu'un seul voyage ? Celui-ci vient au marché pour acheter des chevaux, celui-là pour acheter des mulets ou autre chose ; un autre vient pour en vendre ; tel est arrivé pour acheter du blé et de l'orge, tel autre pour en vendre ; l'un est là pour se promener et se distraire, et l'autre est un voleur qui cherche à tirer profit de l'inattention des gens venus au marché. Or, comment reconnaître les individualités qui composent cette foule, si ce n'est après les avoir interrogées, questionnées et interpellées ?

Eh bien, Ben Ali Chérif a été reconnu dès l'abord, et il est très certain qu'il n'a pu l'être ainsi, aussitôt et immédiatement, sans même être interrogé, que par ceux qui étaient associés avec lui pour son commerce, et qu'il ne s'est rendu sur ce marché qu'à leur connaissance et avec leur agrément et leur autorisation.

l'instruction ; il a été, dit-on, assez heureux encore pour voir ses biens échapper à la mesure générale du séquestre. (*Note du Défenseur.*)

Par la façon d'agir de Ben Ali Chérif et de ses pareils dans les années 1870 et 1871 vis-à-vis du gouvernement français et du peuple arabe, on peut comparer le premier à une femme vivant dans l'abstinence et les seconds à un célibataire ; quant à eux, (les chefs arabes), ils remplissent le rôle de la vieille sorcière courant de l'un à l'autre pour porter le trouble chez tous les deux. En continuant cette comparaison, voici la vieille sorcière qui va de l'homme à la femme faire ses rapports. Elle s'approche de la femme et lui dit en lui parlant de tel homme: « Il est enflammé de » votre beauté et ne dort ni nuit ni jour à cause de » vous, » et elle laisse la femme sur ces paroles qui lui tourmentent le cœur et la remplissent du désir de voir cet homme, qui, selon ce qu'elle vient d'apprendre, ne dort ni jour ni nuit à cause d'elle. Elle ne cesse d'attendre l'heure à laquelle il doit venir et de se demander par quel chemin il arrivera ; son arrivée aura-t-elle lieu la nuit, aura-t-elle lieu le jour ? Si bien que, sous l'impression de ce tourment, elle perd le sommeil et ne vit plus que dans l'attente. Entend-elle l'aboiement d'un chien dans la nuit, elle se lève en hâte de sa couche, persuadée que c'est son amant et qu'il arrive dans cette nuit, vers elle. Tout ce tourment a été produit par la vieille sorcière, car l'homme n'a eu aucune connaissance de la femme célibataire, il ne la désire pas, n'en est pas enflammé et n'en est nullement séduit.

La sorcière se rend alors auprès de l'homme, lui parle de telle femme, épouse d'un tel, « qui est mort « ces jours derniers, dit-elle, de sorte qu'elle vit de- « puis dans la continence, car tous les proches de son « époux sont morts à la guerre ou retenus en prison « chez les ennemis, etc.; enfin, elle est demeurée

« seule, sans époux, et certes celui qui irait la trou-
« ver ne serait pas repoussé par elle. Elle a entendu
« parler de vous, on lui a dit que vous étiez amoureux
« d'elle et que vous vous disposiez à aller la voir. Ce
« qu'elle a appris sur vous l'a intéressée au dernier
« point. Elle m'a ouvert son cœur en secret, car nous
« nous sommes liées par des relations qui datent de
« vingt ou trente ans, et elle ne me cache aucun de ses
« secrets. — S'il vient me trouver, m'a-t-elle dit, je
« ne pourrai le renvoyer sans répondre à son espoir. »

La vieille met ainsi le trouble au cœur de l'homme,
et il advient de lui ce qui a eu lieu pour la femme :
la préoccupation l'empêche de dormir nuit et jour, il
ne s'applique plus qu'à se préparer de son mieux pour
se rendre à son rendez-vous avec elle. Enfin, les parents de la femme et ceux de l'homme apprennent ce
qui se passe. Quant à la vieille, elle agit avec la plus
grande sagesse auprès de l'un et de l'autre groupe...

J'ai vraiment honte de comparer la manière d'agir
de Ben Ali Chérif et d'autres fonctionnaires vis-à-vis
du gouvernement, pendant l'année passée, à celle d'un
proxénète, courant de l'un à l'autre pour provoquer le
désordre, et qui, après les avoir plongés tous deux
dans les fautes et dans le crime, reçoit de chacun
d'eux le salaire de son courtage honteux et les laisse
dans la détresse. En effet, s'il ne s'était appliqué, ainsi
qu'il l'a fait, à pousser les deux côtés vers le mal, ils
ne se seraient pas rencontrés dans la voie du désordre.

Et s'ils avaient eu pour but de maintenir la paix,
rien ne leur était plus facile que de détourner d'entrer
en lutte contre le gouvernement français.

Leur langues étaient longues pour critiquer et blâmer le gouvernement, à la face de tous les Arabes, en

particulier et en général. Ils proclamaient la faiblesse du gouvernement et affirmaient qu'on ne devait avoir aucune foi en lui. Ils affichaient leur hostilité contre le gouvernement en portant leurs armes devant leur tribu. Si bien que le cœur des Arabes a été troublé par leurs actes et par leurs paroles ; car, auparavant ils n'avaient aucune idée que le gouvernement pût être faible, et songeaient encore moins à entrer en lutte contre lui. (1)

Auprès du gouvernement, leurs langues étaient non moins longues pour calomnier et injurier les Arabes, Ils déclaraient que l'on ne devait avoir aucune foi dans les Arabes. De sorte que le cœur du gouvernement a été troublé par leurs paroles.

Sans les mensonges, les calomnies et la haine qu'ils semaient des deux côtés, entre le gouvernement d'une part, et les Arabes de l'autre, certes, le gouvernement n'aurait pas cessé d'être content du peuple, et le peuple ne se serait pas éloigné du gouvernement. Et si quelques désordres s'étaient produits, le gouvernement n'aurait pas pu accuser tout le monde d'hostilité contre lui.

× Chacun sait que la gloire du gouvernement, sa force et la terreur qu'il inspire ne dépendent que de la manière d'être de ses représentants et de ses chaouchs. Les Arabes avaient vu autrefois les chefs appliqués à célébrer sans cesse la gloire du gouvernement, et à faire craindre sa force et sa colère à ses adversaires

---

(1) Nous prions le lecteur de comparer ces paroles avec ce qu'il entendra bientôt de la bouche des colons les plus respectés, des témoins les plus autorisés, tels que MM. Panisse, l'honorable défenseur de Sétif, Mangiavacchi, maire de Bouhira, le commandant Payen, etc., etc. (*Note du défenseur.*)

et aux fauteurs de désordre. Mais voilà qu'en l'année 1870 et en l'année 1871, ils voient leurs chefs précéder leurs tribus dans la voie du désordre, de sorte que les tribus ne faisaient que les imiter. Il n'est pas une tribu ayant pris les armes pour combattre le gouvernement qui n'ait été précédée dans cette voie par ses chefs ; il n'est pas une tribu ayant commis du désordre qui n'ait été précédée dans cette voie par ses chefs ; il n'est pas une tribu ayant commis des déprédations qui n'ait été précédée dans cette voie par ses chefs ; il n'est pas une tribu ayant commis des meurtres sur ses voisins ou ses hôtes, au milieu de la paix, qui n'ait été précédée dans cette voie par des meurtres commis personnellement par ses chefs, ou qui n'y ait été autorisée par eux, ou qu'il n'ait été assistée par eux dans leur perpétration ; il n'est pas une tribu ayant fui l'obéissance au gouvernement qui n'ait été précédée par la fuite de ses chefs ; il n'est pas une tribu s'étant occupée de l'achat d'armes, de chevaux et de poudre pour combattre le gouvernement, qui n'ait été précédée dans cette voie par ses chefs ; il n'est pas de tribu s'étant occupée de réunir des rassemblements, à recevoir des visites et à faire des conciliabules, qui n'ait été précédée dans cette voie par ses chefs !

Le gouvernement français a toujours puni le peuple arabe de la prison ou de l'amende pour avoir transgressé les ordres ou les défenses de ses chefs. C'est ce qui est établi par les registres d'amendes ou ceux des prisons : « Un tel fils d'un tel ; nous lui infligeons cinquante francs, cent francs, etc., d'amende ; ou, nous lui infligeons un mois, deux mois, etc., de prison, pour avoir trangressé les ordres de son caïd, ou de son cheik, ou de son cadi. » Depuis le jour où le gouvernement s'est implanté ici, il y a aujourd'hui

quaraute-deux ans, les choses se sont passées ainsi. »
Or, ce gouvernement sait et a acquis la certitude que
a cause du soulèvement des Arabes pour le combattre,
pendant l'année passée, ne peut être attribuée qu'à
leurs chefs ; et voilà qu'il les punit pour avoir suivi
ces mêmes chefs, au sujet desquels il les ""nissait
autrefois, lorsqu'ils refusaient de les écoute.. Il les
punit pour s'être conformés à leurs avis et à leurs
conseils ; ce serait justice, si le peuple avait suivi et
écouté des chefs destitués, ne fut-ce que depuis un
mois ou même un jour, puisqu'ainsi le gouvernement
l'aurait averti que celui qu'il avait préposé à son administration était destitué de son emploi et ne le repré-
sentait plus. Mais, au contraire, le gouvernement (1) ne
cessait de les favoriser de son amitié, tandis qu'ils
prenaient leurs dispositions pour le combattre, en
organisant des conciliabules dans leurs tribus et en
achetant des chevaux, car, au commencement de 1870,
à peine si chacun d'eux possédait un ou deux chevaux, et leurs serviteurs autant, encore que beaucoup
faisaient leur service sur des mulets, tandis qu'à la fin
de la même année 1870, ils pouvaient tous monter de
soixante à soixante-dix cavaliers. Il en était de même
pour les gens de leurs tribus ; au commencement de
l'année 1870, un tiers possédait des armes, tandis qu'à
la fin chacun avait ses armes. C'est ce que peuvent
attester les marchands de poudre et d'armes connus
dans nos localités ; or, ces marchands ne pouvaient
vendre qu'avec une autorisation des bureaux arabes,
portant le nom de celui auquel il était permis d'acheter ; eh bien ! la plupart de ces noms sont ceux des
gens ayant des emplois, ou ceux de leurs serviteurs,

(1) « Le gouvernement, » c'est-à-dire *les bureaux arabes.*

de leurs proches, ou des gens de leur suite. Par là, il sera facile à qui le désirera de connaitre les intentions des gens. (1)

« Quant à nous, nous n'avons encouru aucun blâme, puisque nous n'étions pas prévenus par l'autorité, de la destitution de nos caïds et que nous ignorions qu'il fallait les fuir, refuser d'écouter leurs avis, et transgresser leurs ordres. »

Le Gouvernement a déjà vu de la part des Arabes bien des soulèvements, mais aucun n'a été de la force de celui de l'année 1871. Cela tient à plusieurs causes, et d'abord, il y a bien eu autrefois des révoltes éclatant dans certaines tribus et dans certains commandements, mais le feu de la guerre ne s'étendait pas avec rapidité d'endroit en endroit, de localité en localité, de province en province, il ne se propageait qu'après des luttes, des fatigues et de longues campagnes, car leurs chefs (des Indigènes) renseignaient l'autorité. Il y avait bien des combats entre ces gens et leurs voisins, avant l'arrivée des troupes au milieu d'eux, il y avait même des morts parmi eux, mais cela (l'arrivée des troupes) n'avait pas pour effet d'augmenter la révolte et de renforcer l'inimitié et l'irritation qui divisait ces gens. Or, en l'année 1871, les choses ne se passaient pas ainsi : la révolte parcourait dans un quart d'heure ou une demi-heure, le chemin de deux ou trois jours de marche. Si donc

(1) Si Messieurs les Officiers des bureaux arabes s'étaient transportés quelque peu au milieu des tribus, comme on ne cessait de les en prier, ils ne seraient pas mépris sur l'importance et la signification de ces armements et de cette universelle fabrication de poudre au point de répondre à un honorable colon *que les arabes ne fabriquaient la poudre et les balles que pour faire la chasse aux sangliers et nullement en vue de l'insurrection.* (Note du Défenseur).

il n'y avait pas eu approbation de la part des chefs ;
si même, ils n'avaient pas donné l'ordre d'entrer en
révolte contre le gouvernement français, le feu de la
guerre se fut arrêté, eut été réduit ou même éteint
aussitôt, car rien au monde n'était plus facile aux représentants de l'autorité que de l'éteindre.

Il est donc reconnu chez les gens qui raisonnent
que la révolte de 1871, a été provoquée par les représentants de l'autorité, trahissant leur gouvernement et son peuple, mais non par le peuple lui-même. »
Chose étonnante ! tout le monde aimait et recherchait
le service de l'Etat, car si les places eussent été mises
en vente, chacun eut voulu les acheter, même au
prix de toute sa fortune. C'est ce que nous eussions
fait, ne fut-ce que par haine contre nos ennemis, que
le Gouvernement avait comblés d'honneurs et qui
nous exploitaient à leur gré. Comment se fait-il que ce
peuple qui ne désirait autre chose que de servir
l'Etat ait pris les armes pour le combattre ?

« Il est certain que s'il s'était trouvé quelqu'un pour
nous grouper, nous réunir et nous mener au combat
contre le bach-aga El-Mokrani, nous en eussions été
fort contents, alors même que notre vie eut été en
jeu ; car ainsi, le Gouvernement eu pu reconnaître si
nous étions. ou non, capables de le servir. (1) »

« Tout cela n'est donc que le fait de la ruse de ceux
qui étaient revêtus d'emplois : pour que les autres ne
leur prennent pas leurs emplois, ils leur ont tendu
un piége, afin de les éloigner du Gouvernement et

_____

(1) Cette proposition a été faite inutilement au général
Augeraud et au colonel Bonvalet par Abd El Selam, à un
moment où le succès en était certain. On a préféré autre
chose,... Nous dirons tout. (*Note du Défenseur*).

c'est à cela qu'ils ont dû d'être préservés personnellement des justes effets de sa colère, qui, ainsi, s'est tournée contre la masse. En effet, si, par suite de leurs ruses, la masse n'avait pas pris les armes pour combattre le Gouvernement, la colère de celui-ci serait tombée, tout d'abord, sur les titulaires d'emplois, et cela pour plusieurs causes, dans le cours de l'année 1871. »

Premièrement ils avaient pris des engagements vis-à-vis du Gouvernement et vis-à-vis du peuple. Ils avaient promis de servir le gouvernement avec une abnégation complète dans toute circonstance et de ne jamais le trahir ; ils s'étaient engagés envers le peuple à remplacer pour lui l'Etat, en dirigeant ses affaires avec la sincérité la plus complète et une probité inébranlable, et à ne pas le tromper en l'administrant, tant que cette administration serait laissée par l'Etat, entre leurs mains. Le peuple se conformait donc aux paroles de ses caïds : s'ils riaient, il était gai ; s'ils étaient tristes, il pleurait comme eux

Pour donner un exemple : nous qui sommes en prison, si nous entendions le chef de la prison critiquer et blâmer le Gouvernement, rabaisser les gardiens qui sont sous ses ordres, et que ces gardiens ne fussent pas de force à tenir fermée sur nous la porte de la prison, nous aurions avec eux une bataille et après leur avoir arraché les clefs de la prison nous en sortirions. Il est incontestable que l'autorité ne pourrait nous blâmer de ce que nous avons fait. Et quiconque pourrait sortir sans peine de la prison ne négligerait pas de le faire, fut-il empereur, président de république, maréchal ou procureur de la République et chacun de ceux qui sont dans la prison, intelligents ou idiots, qui trouveraient un moyen pour en sortir

ne négligeraient, pour quoi que ce soit, de l'employer.
Or, personne ne pourrait l'en blâmer, puisque l'auteur du désordre et de la négligence serait le chef de
la prison, et que si ce chef avait voulu servir avec
sincérité l'Etat, il n'aurait pas commencé par rabaisser sa propre force et ses ailes, car ses gardiens sont
ses ailes, et sa force, c'est l'Etat. Son devoir au contraire eut été d'exalter devant nous la force de l'Etat,
pour que nous déduisions de ses louanges qu'il est
dans la plénitude de sa gloire et qu'il ne puisse venir
à personne l'idée de se mettre en opposition contre
lui, de peur de s'exposer à des châtiments plus terribles que ceux dont nous avons été témoins.

C'est ainsi que chez-nous, les Arabes, dans l'année
de 1871, nos chefs jetaient le mépris sur le gouvernement, en présence des Assemblées, et glorifiaient
ses ennemis. Ils ordonnaient de se soulever pour
combattre le gouvernement. Beaucoup d'entre eux se
sont soulevés les premiers, avant le peuple. D'autres
ont eu deux visages ; l'un était avec le gouvernement
et l'autre avec les Arabes. Notre caïd, Ben Ali Chérif,
était de ceux-là. Chaque tribu kabile ou arabe avait
un caïd, lequel avait de dix à vingt cheikhs, plus ou
moins, sous ses ordres et chaque cheikh avait audessous de lui de dix à vingt ouakkaf; il y avait, en
outre, les cavaliers du caïd au nombre de deux à
quatre. Ben Ali Chérif, lui, avait quinze cavaliers.
Tous ces gens recevaient une solde de l'Etat, et étaient
exempts d'impôts, de corvées et de la diffa. Or, la
diffa due aux cheikhs et à leur suite, au caïd et à sa
suite, aux cavaliers et aux officiers des bureaux arabes, est pour les Kabiles une charge plus lourde que
l'impôt.

J'ai vu de mes yeux le fils de Ben Ali Chérif, Si

Mohamed Chérif, venir nous rendre visite, dans l'année où il nous fut donné comme caïd. Il fut reçu dans notre tribu de Sedouk, dans un village situé en dessous du nôtre et fort proche, car il n'était pas distant d'un quart d'heure de marche, et il y passa quatre nuits. Avec lui étaient des serviteurs et des cavaliers au nombre d'environ vingt personnes avec leurs montures. Le cheikh de la tribu avec sa suite, composée d'environ trente personnes, vint l'y trouver, de sorte que le nombre total des gens réunis là fut de plus de soixante, plus trente montures. Il falait chaque jour pour le déjeuner et le souper quatre béliers et un certain nombre de pouler ; chaque bélier valait quarante francs ; plus quatre sâa d'orge par jour, entre la ration du matin et celle du soir ; chaque sâa valant seize francs ; plus, pour cent francs de beurre salé chaque jour, et enfin environ trente plats de kouskous que je n'évalue pas, parce qu'ils étaient fournis par le maître de l'habitation ; le reste, viande, orge et beurre était à la charge de la tribu. »

Et si l'on conteste ce que j'avance, l'autorité n'a qu'a faire des recherches au sujet des difla et à constater la quantité d'animaux égorgés chaque année dans ce but, elle verra que la charge de la diffa est plus lourde que celle de l'impôt, et que ce que j'ai avancé est juste. Tout ce que j'ai dit ici est vrai : je n'ai pas énoncé un mensonge. Les préjudices qui nous ont été causés ne sont pas peu de chose.

Si ceux qui jouissaient des faveurs de l'Etat avaient agi avec sincérité pour le servir, la masse n'aurait pu entrer, seule, en révolte contre le gouvernement. Et, en admettant même qu'elle se fut révoltée, elle n'aurait pu se lancer dans le désordre avec tant de vitesse et de promptitude ; cela ne se fut propagé qu'après des longueurs et des retards comme il en a toujours été pour toutes les révoltes qui se sont produites dans les années antérieures, car, alors, les chefs servaient avec sincérité un gouvernement qui leur donnait quatre béliers et les accessoires à manger par jour, à la face des gens qui les regardaient manger.

Mais si l'on admet que la masse pouvait se révolter contre le gouvernement avec cette rapidité, c'est alors que la puissance et la force des chefs avaient bien diminué sur toute chose. En effet, le caïd, ses serviteurs, ses cheikhs et ses suivants, en comptant tous ceux qui prenaient part à la diffa d'une tribu, comme ayant des fonctions du gouvernement et ceux recevant une paie du trésor public, (formaient, au minimum, un groupe de deux cents ou trois cents individus, pour un seul caïdat.) Si donc ces gens avaient abandonné leur tribu pour se ranger du côté du gouvernement, montrant ainsi leur reconnaissance pour le bien qu'ils en avaient éprouvé, les béliers qu'ils en avaient reçus, la solde qu'il leur avait donnée, les honneurs dont ils les avait investis, etc., qu'auraient donc pu faire ces tribus qui avaient pris les armes pour combattre le gouvernement? Certes, l'Etat n'eut pas eu besoin de soldats pour les combattre ; les gens ayant des emplois et touchant des salaires pendant la paix, eussent suffi à combattre les rebelles, à faire cesser le désordre et particulièrement à protéger les biens des colons français et à les sauver du désastre. Ils le pouvaient soit en luttant en masse, soit par les partisans qu'ils avaient au milieu des tribus, et c'est ainsi qu'ils ont sauvé leurs biens et leurs familles par tous les moyens à leur disposition, par leurs proches, par leurs adhérents, par leur influence, etc.

Le gouvernement, pour agir avec justice, ne doit

donc faire condamner quelqu'un à la prison ou à l'amende qu'après avoir pris celui qui touchait une solde pour le servir, celui auquel il faisait la faveur de pouvoir exiger tous les jours la difla en son nom. | Et si ces gens ne suffisent pas pour remplir les prisons on pourra en prendre d'autres. Et si la fortune de ces gens ne suffit pas pour payer à l'Etat le montant de la contribution de guerre imposée, le gouvernement pourra la compléter avec l'argent des autres : en effet, il doit, au préalable, reprendre son argent avant celui de son peuple, et après avoir repris l'argent qui vient de lui, s'il ne suffit pas, il prendra de l'argent d'une autre provenance. Chacun sait que tous les biens que ces gens possèdent, ils les ont acquis en se servant de l'influence du gouvernement ; les gens les leur ont donnés par consideration pour Sa Majesté. Le gouvernement doit donc leur demander compte de tous les biens qu'ils ont acquis en so servant de son nom et les reprendre en totalité puisqu'ils ne sont pas reconnaissants des bienfaits qu'ils ont reçus de lui. L'Etat doit assurément leur retirer, à l'exclusion de tous autres, les biens qui viennent de lui, puisqu'ils ne reconnaissent pas ses faveurs et ne l'en remercient pas. Quant à ceux qui possédaient des biens avant leur nomination aux emplois, ces biens leur seraient laissés et supporteraient les mêmes charges que les autres biens de la tribu.

En prenant son bien de préférence, le gouvernement a tous les droits, puisque ç'est lui qui a enrichi ces gens pour qu'ils le servent quand il aurait besoin d'eux et même au prix de leur fortune, et il se trouve qu'il les a enrichis pour le combattre ; (ils étaient pauvres, n'ayant pas de quoi acheter des armes, de la poudre et des chevaux, il les a rendus riches pour

les mettre en état de le combattre avec son argent.)
Ainsi il se trouve que si il les avait laissés tels qu'ils
étaient antérieurement, c'est-à-dire pauvres, ils se seraient trouvés au même niveau que tous ; personne
n'aurait écouté leurs paroles et leurs conseils, car ils
n'auraient pas été des gens d'importance.

De même l'Etat doit prendre les biens de celui qui
a eu deux visages, l'un tourné vers lui et l'autre tourné
vers les Arabes, mais il ne doit en prendre que la
moitié ; une moitié doit lui être laissée pour celui de
ses visages qui était tourné vers le gouvernement, et
l'autre moitié doit lui être prise pour le visage qui
était du côté des Arabes.

Les possesseurs de béliers et d'agneaux ont inventé
cette ruse pour arriver à conserver leurs profits et
pour amener la perte des gens de la masse : Ils poussaient ceux-ci au désordre et à la révolte contre le
gouvernement et disaient à celui-ci qu'ils n'avaient
pas la faculté de fuir auprès de lui en abandonnant
leurs enfants et leurs frères ; ils restaient donc et
écrivaient chaque soir au gouvernement une cartouche (une lettre placée dans une enveloppe), dans
laquelle ils lui disaient : « nous n'avons pu trouver le
moyen de nous sauver, » et, dans le jour, ils en-
voyaient aux troupes du gouvernement mille cartouches contenant de la poudre et des balles, et non
plus la cartouche contenant de l'écriture mensongère
et toute noircie par l'encre.

Si le gouvernement avait fait ce que j'ai dit, et puni
celui qui s'était enrichi en son nom, avant de punir
la masse, certes, la paix n'aurait pas cessé d'être générale dans les tribus, car les gens revêtus de fonctions, enrichis à cause de la majesté du gouvernement, auraient craint, à l'exclusion de tous autres,

pour leurs biens et pour leur position, et ils se seraient appliqués à maintenir la paix, au moyen de
leurs gens, de leurs partisans et de leur fortune. Ce
qu'ils ont fait dans leur intérêt personnel, ils l'eussent
fait dans celui de l'Etat. C'eût été la meilleure marque
d'amitié sincère pour le gouvernement.

Mais puisque le gouvernement ne tient pas compte
des paroles des traîtres, des trompeurs, de ceux qui
oublient les bienfaits, etc., et les tient pour bonnes,
le pays ne sera jamais pacifié et à l'abri du désordre ;
la situation se perpétuera tant que les trompeurs con-
tinueront à tromper le gouvernement et le peuple.

Si l'on rendait un décret portant que tout chef dont
les administrés se mettraient en révolte et qu'il ne
pourrait faire rentrer dans le devoir serait destitué ou
changé, on verrait les titulaires de fonctions être sur
leurs gardes et s'appliquer à maintenir la paix.

Quant aux gens qui ont pris les armes pour combattre le gouvernement, il n'y a pas de reproches à
leur faire, puisque, en même temps qu'eux, ont pris
les armes ceux qui jouissaient des faveurs de l'Etat,
ceux qui mangeaient des diffa au milieu des gens qui
les regardaient manger leur bien, mais qui ne mangeaient pas ; ceux qui recevaient un traitement en
face des gens qui ne faisaient que les regarder ; ceux
qui battaient les gens, mais que les gens ne battaient
pas ; ceux qui emprisonnaient et qu'on n'emprisonnait
pas ; ceux qui demandaient aux gens, mais auxquels
les gens ne demandaient pas ; ceux qui faisaient travailler les gens, mais qui ne travaillaient pas ; ceux
qui faisaient payer des impôts et qui n'en payaient
pas.

Si nous avions dépensé le dixième du dixième de
notre fortune pour payer les témoignages, l'Etat serait

content de nous plus que de tout autre; il accepterait
nos excuses de préférence à celles de tout autre; il
élèverait notre puissance au dessus de celle de tout
autre; il saurait aussi que les services que nous lui
avons rendus sont plus considérables que ceux qu'il
nous a rendus, et que ceux que lui ont rendus ses
caïds, ses cavaliers, ses secrétaires et ses chaouchs.

Celui qui examine les faits a le devoir de constater
quels services ont rendus à l'Etat les titulaires d'emplois, dans l'année 1871, pour qu'il (l'Etat) ne pense
pas à eux, leur pardonne, leur fasse de nouvelles
faveurs et augmente encore les honneurs et les ri-
chesses qu'ils possèdent, — il doit aussi examiner ce
que nous avons fait, nous, famille du cheik El Haddad,
comme actes d'hostilités contre le gouvernement, dans
l'année 1871, pour qu'il nous fasse éprouver sa colère, à ce point de nous ruiner et de nous retirer nos
biens, nos enfants, nos serviteurs et nos propriétés,
contre le droit et la justice.

Sans le témoignage de l'or qui les a purifiés de
leurs crimes, les bureaux arabes eussent certainement
témoigné en mal contre eux, ainsi qu'ils l'ont fait
contre nous et contre tous, et ils n'eussent pas fait une
exception pour un seul, entre mille, puisque ces mille
sont coupables, au même titre, de la même faute. Il
est possible alors que le crime de ceux-là qui, actuellement, sont désignés comme ayant fait tout le mal,
apparaîtrait aux yeux du gouvernement moins grand
et plus excusable que celui de bien d'autres, désignés
comme bons.

Mon cœur se refuse à dire : le témoignage des bureaux arabes, relativement à l'année 1871, est sincère
et exempt de partialité et de corruption. Je l'en ai
repris souvent, mais il persiste dans son sentiment. Il

4

est donc indubitable qu'il a raison, en tout état de cause, par suite de l'abondance des indices, des probabilités et des présomptions dont nous avons été témoins. Ils sont accomblés par leur responsabilité et ne peuvent s'en décharger.

Quant aux indices, probabilités et présomptions qui pèsent sur eux, je citerai : leur négligence à faire prendre ceux qui ont été les causes déterminantes de la révolte ; le soin qu'ils ont apporté à faire réconcilier deux partis ; leur présence aux diffa, et les réunions qu'ils provoquaient. Je citerai également la sortie du commandant supérieur de Bougie, avec ses troupes, pour combattre ses administrés, avant qu'ils eussent pris les armes et qu'ils eussent fait souffrir la moindre vexation aux colons français qui demeuraient au milieu d'eux, ainsi qu'à leurs demeures et à leurs biens : il n'y avait pas même eu un vol nocturne de commis. Il est incontestable, pour les gens d'intelligence et de raisonnement, que nous, gens du territoire de Bougie, nous possédons un témoignage certain et irrécusable en notre faveur, pour établir notre désir de conserver la paix et notre sincérité vis-à-vis du gouvernement, et que cette preuve constate, à l'encontre du seigneur commandant Reilhac, qu'il désirait la révolte et qu'il trahissait le gouvernement. Ce témoignage est le fait suivant :

« Les colons français demeuraient au milieu de nous dans leurs maisons ; ils étaient au comble de la sécurité. Après la révolte du bach-aga El-Mokrani, les Français qui étaient ainsi dans l'intérieur du cercle rentrèrent à Bougie, en abandonnant leurs maisons remplies de tous leurs biens. Eh bien ! nous les avons protégés nuit et jour de la dévastation et du pillage. Chaque tribu avait placé une garde auprès de toute maison européenne se trouvant dans son territoire, pour la préserver nuit et jour. Aussi lorsque le commandant est sorti avec ses troupes, dans le but de nous combattre et est venu camper à El-Kçar, il a trouvé la province en paix et les demeures des Français préservées du vol et du pillage !

Il est du devoir des gens de Bougie de venir déclarer par témoignage devant les représentants du Gouvernement, quelle a été la cause qui a amené le pillage de leurs maisons et de leurs biens et le pillage de la province de Bougie et qu'ils disent si c'est nous qui, dans la province, avons pris les armes pour venir attaquer le Gouvernement, qui avons marché contre nos chefs et couru au massacre des colons Français qui se trouvaient au milieu de nous, et au pillage de leurs maisons et de leurs biens, ainsi que l'ont fait bien d'autres de tous les cercles. (Tous les révoltés en Algérie, ont pris les armes avant que leurs chefs ne les prissent, mais quant à nous, dans le cercle de Bougie, ce sont nos chefs qui ont d'abord pris les armes et ont marché contre nous pour nous combattre, nous exterminer et nous piller, avant que nous et les administrés de ce commandant ne prissions les armes et que nous ne fussions sortis pour le combattre, le tuer et le poursuivre.)

Un autre fait qui s'élève contre lui pour prouver sa trahison, c'est qu'après qu'il eut marché contre nous pour nous combattre, et lorsque nous eûmes pris les armes pour lui répondre par la guerre, il s'empressa, après qu'il se fut convaincu que nous étions sortis de l'obéissance, de s'enfuir nuitamment, sans avoir combattu, bien que n'étant nullement dans une situation critique, et laissa les tribus se précipiter au pillage des maisons des Européens et de leurs biens. Si cela n'avait pas été de sa part une trahison pour pousser au désordre, il ne serait sorti qu'après qu'il eût été établi que les gens étaient en état de révolte, ou bien il aurait marché contre la tribu de son ami, dont les gens étaient sans cesse occupés à s'entre-tuer pas les armes à feu, comme s'il n'y avait eu ni gouvernement ni autorité au-dessus d'eux, et au milieu desquels cependant vivait un homme puissant, membre du conseil général et bach-agha de Chellata avec qui était son fils le caïd.

Et étant sorti, il ne devait pas rentrer de nuit, sans le moindre combat, ce qui ne se fait jamais. Il avait annoncé avec orgueil aux gens de Bougie son départ pour la guerre; la nouvelle s'en était répandue, et il est rentré de nuit et en fuite. Les gens de Bougie n'eussent pas dû le laisser entrer dans leur ville, afin qu'il pût être rejoint par ses administrés, qui l'auraient détruit comme leurs maisons et eux-mêmes l'ont été par lui.

Parmi les chefs que nous avons vu commettre aux chefs françois, rappelons qu'ils n'ont pas poursuivi les chefs arabes, ni leurs frères, ni leurs enfants, ni les gens de leur suite, ni les cavaliers des bureaux arabes, ni leurs secrétaires, ni leurs chaouchs, ni leurs amis. Et cependant tout caïd, cheik ou cadi a envoyé quelqu'un de ses proches au bach-aga El Mokrani, pour l'assister, dès le premier le jour, à l'attaque de Bord-Bou-Arréridj, et cela afin de s'assurer l'aman de la part du bach-aga, en récompense du secours qu'ils lui avaient prêté. (Nous seuls, gens de la famille du cheik El Haddad, n'avons envoyé personne, ni fourni aucune aide. Cependant, si ces gens n'avaient pas envoyé leurs parents au bach-aga, il n'aurait pu attaquer si rapidement Bordj-Bou-Arréridj.

Je vais indiquer un par un les noms de ces gens.

Le caïd Mohamed Tahar ben Ktouf a envoyé, pour aider le bach-aga à l'attaque de Bordj-Bou-Arréridj, son frère Si Ezzine ben Ktouf, lequel a été blessé au premier combat. On ne s'est pas occupé de lui, mais que l'on vérifie si son corps ne porte pas la trace d'une blessure de balle. Après la révolte des tribus, le caïd est venu auprès des représentants du gouvernement, en laissant son frère aîné, Si Ahmed Ktouf comme s'il vivait seul chez lui, dans ses propriétés particulières, et au milieu de ses biens personnels. Or, aucun partage n'a eu lieu entre eux. C'était comme s'il eut formé une famille à part. Cet homme, emmenant avec lui ses deux enfants, dressa sa tente au milieu des rebelles, et il n'y eut pas un combat, pas une razzia auxquels ils ne prirent part. Après la soumission générale, on oublia son frère et ses enfants ; «on fut très-satisfait des services de Si Mohammed Tahar Ktouf, et le gouvernement augmenta sa position, en ajoutant à son commandement celui des Beni-Chebana.» Ce fut la récompense de sa conduite trompeuse, et de ce qu'il avait laissé son frère habiter, seul avec sa famille, au milieu des insurgés et faisant cause commune avec eux.

« Si Ahmed ben Djeddou, caïd des Beni-Yala, est dans le même cas. Il a envoyé au bach-aga son frère le cadi des Beni-Yala, Si Ahmed ben Semate, lequel habitait dans la tribu de Zamora, et a pris part avec cette tribu à l'attaque de Bordj-Bou-Arréridj. Quand la révolte fut générale, ledit caïd se rendit seul à Sétif, laissant sa famille et ses enfants avec son frère, Si Ahmed bel Hadj, lequel alla dresser sa tente au milieu des insurgés.

Il en est de même de la famille des Ouled Bou Abd

Allah, chefs du territoire de Sétif. Le caïd Mohammed Srir ben Cheik Saad, envoya son frère, Saadi ben Abd Allah, à l'attaque de Bordj-Bou-Arréridj. Puis, son frère Mohammed ben Adda se souleva, et fut suivi dans la voie de la révolte contre le gouvernement par leur autre frère, Mohammed el Mostafa. Ce furent eux les premiers qui ouvrirent la porte de la révolte dans les environs de Sétif. Après la soumission, Mohammed ben Adda a laissé son épouse chez son oncle, le caïd susdit, qui est en même temps son beau-père, et s'est enfui à Tunis. Ainsi, ils n'ont eu à supporter aucune punition pour le mal qu'ils avaient fait au gouvernement français ; au contraire, on leur a fait des faveurs, en donnant au fils de ce caïd une place de caïd dans le cercle de Bordj-bou-Arréridj. Quant à tous ses frères, ils sont tranquillement chez eux, sauf Saadi ben Bou Abd Allah, qui est incarcéré à la prison civile.

Les Ouled-Illès ont aussi agi comme eux ; ils ont envoyé leur aîné Ahmed Srir ben Illès, beau-père du bach-aga, à l'attaque de Bordj-Bou-Arréridj.

Il en est de même des Ouled Abid, famille composée du caïd Es Seïd, du caïd Bou Zeïd et d'El Hadj Chérif ben Abid. Celui-là (Es Seïd) a pour habitude d'entrer en lutte contre le gouvernement français, car depuis la conquête, c'est la troisième fois qu'il se révolte. Son fils, Bou Zeïd, avant d'être caïd, a passé une année entière en prison, à Aïn-el-Bey. Ces gens ont envoyé leur frère Ali ben Abd Es Selam au bach-aga, pour prendre part avec lui au siége de Bordj-Bou-Arréridj. Puis, après la révolte générale des tribus, ils l'ont désavoué et ont laissé leurs autres parents, les fils du caïd Saad, avec les révoltés. Après la pacification générale, Ali ben Abd Es Selam est mort de maladie. Quant aux autres, ils sont restés heureux dans leurs tentes, et on a donné le caïdat de Zamora au fils du caïd Es Seid, pour récompenser ces gens des services rendus.

Il en est ainsi du cadi Dahmane ben Allag, lequel a envoyé son frère Si Saïd ben Allag, à l'attaque de Bordj-Bou-Arréridj.

C'est encore de la même manière qu'a agi le caïd des tribus Si-Chérif-ben-El-Mouhoub, beau-père du bach-agha; il a envoyé son fils, El Mouhoub, assister au pillage de la cantine, dans le caïdat de Bou Mezrag, frère du bach-agha; ce jeune homme est resté avec les révoltés et a pris part à l'attaque de Bordj-Bou-Arréridj, après quoi, il est rentré chez son père qu'il a trouvé malade.

« Il en est de même pour le cadi Si L'Ahcène ben Hala, lequel a assisté en premier lieu, avec son fils, ses frères et sa tribu, à l'attaque de Bordj-Bou-Arréridj. Puis, il est venu lui-même avec son fils aîné rejoindre les représentants du gouvernement et a laissé son frère aîné, appelé Si Yahïa ben Hâla, seul dans sa tente avec ses biens particuliers, au milieu des révoltés, ainsi que ses autres parents. Il n'en est résulté pour eux aucun mal; Si L'Ahcène a été nommé caïd de sa tribu, et son fils a pris la place de son père comme cadi de leur tribu. »

. Je pourrais en citer bien d'autres, mais cela nous entraînerait trop loin; que si l'on veut vérifier ce que j'ai relaté, l'on visite le frère du caïd des Beni-Our-tillane, devenu titulaire de deux emplois par sa fourberie, et l'on verra si la blessure qu'il porte sur son corps ne témoigne pas de l'exactitude de ce que j'avance.

Et si l'on admet que Ben Ali Chérif et ses pareils

étaient sincères dans leurs paroles et qu'ils n'approu-
vaient pas la révolte contre le gouvernement, il fallait
lorsqu'ils ont vu que leurs tribus étaient disposées à
entrer en lutte contre l'autorité, et qu'ils ne pouvaient
les détourner de leurs projets, faire ce qu'il leur était
possible, c'est-à-dire aller eux-mêmes habiter auprès
des partisans du Gouvernement. Il en serait résulté,
à coup sûr, que les gens de bon sens qui se trouvaient
dans les tribus eussent craint pour eux en réfléchis-
sant que leurs chefs n'avaient agi ainsi que parcequ'ils
avaient la certitude que le gouvernement pourrait rétablir la situation, comme dans le principe. Bien au
contraire, ce sont eux (les chefs) qui, les premiers
ont, par leur fuite, abandonné le gouvernement ; ils
demeuraient à Alger pendant la paix, établis pour
toujours avec leurs familles dans leurs maisons, et
voilà qu'au moment de la guerre ils s'enfuient avec
leurs familles, du séjour de la paix et de la tranquillité pour gagner celui du désordre et de la fourberie.

Leur devoir était de prêter secours au Gouvernement en lui fournissant quelque peu d'argent, car la
plupart d'entre eux recevaient un traitement de lui,
en plus de leurs parts sur les amendes et les impôts.

Ben Ali Chérif, bach-agha de Chellata, touchait
mille francs par mois, et son fils était caïd de notre
tribu. Et si l'on prétend que ces deux menteurs n'a-
vaient aucune action sur leurs tribus pour combattre
leurs ennemis et ceux du Gouvernement, et si l'on
établit qu'ils se trouvaient dans l'impuissance de le
faire, il en résulte que le commandant de Bougie et
autres, n'ont pas rempli leur devoir, puisqu'ils ont
pris pour les aider de leurs services et de leurs conseils pendant la paix, des gens qui n'avaient aucune
influence sur leur tribu, au lieu de confier ces fonc-

tions à celui qui avait de l'autorité sur ses compatrio-
tes. Eh bien, je déclare que la plupart d'entre eux
avaient de l'influence sur leurs tribus, à l'exception,
par exemple, du caïd Ahmed ben Zidane qui, dans le
principe, était khammès. Je vais vous retracer des
faits qui prouveront qu'ils avaient de l'autorité et qui
établiront qu'ils ont donné leur approbation à la révolte.

Ce qui prouve qu'ils avaient de l'autorité, c'est
qu'ils ont laissé leurs affaires et leurs biens chez leurs
amis et les gens de leur parti et que les révoltés n'ont
rien pu contre eux, bien que sachant ce qui avait eu
lieu, parce qu'ils craignaient d'entrer en lutte avec
les gens de leur parti et leurs parents. Cela s'est vu
et a été prouvé d'une façon irréfutable, on peut l'appliquer à ceux qui prétendent qu'ils se sont réfugiés avec
leurs familles auprès du Gouvernement, tels que le caïd
Es Seid ben Abid, le caïd Zouaoui ben El Keskas et
le cadi Si Dahmane ben Allag. Quant à ceux qui ont
laissé leurs familles, leurs enfants et leurs frères au
milieu des tribus insurgées, prenant part à tous les
combats des révoltés et à toutes leurs razzias, quelques-uns mêmes y assistant en personne, tels que
Ben Ali Chérif, son fils et autres parmi ceux qui ont
laissé leurs parents, et tels que le caïd des Beni-Ourtilane, les Ouled-ou-Rabah et autres, le Gouvernement les a tous négligés ainsi que quelques-uns de
ceux qui avaient assisté en personne ; on n'a nullement réclamé à leurs fils et à leurs frères le paiement
de la contribution de guerre.

Cependant le pillage des biens des colons et de
leurs maisons qui se trouvaient au milieu d'eux
peut porter témoignage, à leur encontre, de leur accord avec les rebelles. En effet, sans leur trahison,

eussent-ils pu sauver eux-mêmes leurs biens du
pillage tandis qu'ils abandonnaient ceux des colons à
la dévastation ? Sans l'influence dont ils disposaient,
eussent-ils pu sauver leurs biens ? et sans leur entente
avec les rebelles, eussent-ils abandonné au pillage les
biens des colons ? Non ! ce que les biens de leurs
voisins avaient à supporter, les leurs devaient le supporter ; et si, par un moyen quelconque, ou par une
ruse, ils pouvaient sauver leurs biens des mains des
Arabes, ils devaient aussi sauver ceux de leurs amis,
si leur amitié pour eux existait encore.

D'autres faits dont nous avons été témoins nous-
mêmes, prouvent encore qu'ils étaient d'accord avec
les rebelles et que ces trompeurs qui se jouent du
Gouvernement depuis 42 ans, sans que celui-ci s'en
aperçoive, voulaient la révolte.

« Et d'abord le caïd des tribus, accompagné des
Oulad-ou-Rabah, de leurs cavaliers, le caïd Ou Rabah,
ses cheikh et sa tribu, toutes les tribus du cercle de
Bougie avec leurs cheikh, leurs cadis et leurs adel et
les cavaliers du bureau arabe de Bougie ayant marché contre nous, se réunirent au village d'Imoula ; le
commandant supérieur de Bougie était campé, avec
ses troupes, auprès d'El-Kçar, à une distance d'environ une heure de marche des précédents. Ceux-ci
m'ont attaqué, et après un quart d'heure de combat à
peine, ils ont pris la fuite : la plupart d'entre eux ont
couché ce soir-là à Bougie qui est éloigné d'une
grande journée de marche du village d'Imoula ; ils
ont, dans leur fuite, laissé la colonne derrière eux. »

Secondement : le caïd Daoudi bel Keskas, le caïd
Zerroug ben Illès, le caïd El Seid ben Abid, le caïd
bou Zeid ben Abid, le caïd Ahmed ben Zidane, le
caïd Ahmed ben Djeddou, le caïd Mohammed Tahar

Ktouf, le caïd Ahmed ou Mahna et le caïd El Hadj Mohammed ben bou Aokaz, avec leurs goums sont venus nous attaquer au Djebel-Magris, entre Sétif et Takitount, et ont fui devant mes gens dont la plupart étaient montés sur des ânes valant chacun de trente à cinquante francs, tandis qu'eux étaient montés sur des chevaux valant chacun de mille à deux mille francs. Tout cela démontre leur fausseté et leur absence de sincérité.

De même le caïd Ben Habilès, son frère le caïd Amar, le caïd Belkacem ben Menia et son frère le caïd Saïd ben Menia sont venus, avec leur tribus, m'attaquer aux Beni-Four'al, et le même jour, ont battu en retraite et sont allés passer la nuit à Djidjelli, ville distante de plus d'une journée complète de marche. Le caïd Bel Kassem ben Menia et son frère ont laissé leur père au milieu des rebelles.

Je vais retracer les causes qui nous ont fait nous rendre dans le cercle de Takitount, et, de là dans le territoire du caïd Belkassem ben Habilès du cercle de Djidjelli : Nous étions campés à El-Mouaklane, avec les Oulad-Mokrane, lorsque Ben-Habilès est venu, avec sa tribu des Babor, à Takitount, dans l'intention de nous attaquer, alors que nous n'avions pas commencé les hostilités contre sa tribu. A son arrivée à Takitount, lorsque nous eûmes appris son audace, je marchai moi-même contre lui pour le combattre, mais il prit la fuite sans accepter la bataille. Je passai à Takitount, sans attaquer cette localité et j'atteignis sa tribu des Babor. Alors il m'envoya ses cheikh et son frère qui était cadi des Babor, et ces gens prirent part, avec moi, au combat du Djebel-Magris contre les caïds dont j'ai parlé. Je revins alors vers lui sans l'attaquer. A la suite de ces faits il alla vers Djidjelli,

ramena son frère le caïd avec ses tribus et les caïds de
Djidjelli, dans le territoire des gens de sa tribu les
Babor, leur brûla leurs demeures et leur enleva leurs
biens par surprise, car il se repentait de leur avoir
fait grâce en premier. A cette nouvelle, je marchai
contre lui, contre son frère et contre leur suite et leurs
tribus du cercle de Djidjelli je leur livrai bataille et les
mis en fuite.

Telles sont les causes qui l'ont fait aller à Djidjelli
et à Takitount.

Quant au caïd Ahmed Khodja, comme il ne s'est
pas occupé de moi, je ne me suis pas occupé de lui ;
il a bien agi tant dans l'intérêt du peuple que dans
celui du gouvernement qu'il servait.

Et si quelqu'un dit que nous avons entraîné les
gens à nous au nom de la religion, par la voix du
cheik El Haddad, en annonçant que le règne des
Français était fini, ce que les gens ont cru être la
vérité, en pensant que le cheik en avait été averti par
Dieu, au moyen de la science des mystères, et que
les tribus de ces caïds les ont entraînés à la révolte
par cette tromperie, je répondrai qu'il n'y a pas de
tromperie de la part de leurs tribus, mais que la
trahison est venue des caïds. En effet, nous les avons
vus être les premiers à médire contre le gouvernement, les premiers à réunir des conciliabules dans les
tribus, les premiers qui ont prétendu que le gouvernement ne retrouverait plus sa puissance d'autrefois,
les premiers à s'enfuir des habitations où ils séjour-
naient auprès de lui, les premiers à prendre les armes
pour combattre le gouvernement. En prenant modèle
sur eux, on en a bien fait davantage.

Je vais, pour bien faire comprendre les faits à ceux
qui veulent se rendre compte, donner les noms de

tous les gens ayant des fonctions dans le territoire de Bougie.

Les principaux chefs sont au nombre de trois seulement, savoir :

Le seigneur commandant Reilhac ;

Le seigneur général Augereau ;

Et Sid Mohammed Said ben Ali Chérif.

1. Cercle de Ben Ali Chérif, bach-aga de Chellata, et de son fils le caïd, comprenant les tribus suivantes :

Tribu de Loula ;

—   Beni-Aïdel ;

—   Beni-Ourlis-Azamer ;

—   Beni-Ourlis-Amzalene ;

—   Seddouk.

Les chefs de ce cercle sont :

1. Si Mohammed Said ben Ali Chérif, bach-aga de Chellata, lequel, après s'être enfui d'auprès du gouvernement, a pris les armes pour le combattre ;

2. Si Mohammed Chérif, fils de Mohammed Said ben Ali Chérif, caïd des Beni-Aïdel, a trahi de la même manière que son père ;

3. Said ben Ali, cheik de Seddouk, a fait de même ;

4. Si Taieb ben Abd El Ouahab, cheik d'Oumalou, a agi comme eux et a conservé ses fonctions jusqu'à aujourd'hui ;

5. Said ou Bleiet, cheik de Bou-Hamra, est dans le même cas ;

6. Si Said ou Atitouch, cheik de Mahfoud'a, même cas ;

7. Er Rebia ben Bahloul, cheik des Ouled-Nouh, même cas ;

8. Si Mohammed Chérif ben Mohammed, cheik de Temag'ra, même cas ;

9. Akel Naith Behoura, cheik de Tizi-Aidel, même cas ;

10. Mohammed ou Achoucha, cheik d'Iril-Ouamsid, même cas, est encore aujourd'hui en fonctions ;

11. Yahia ben Slemane, cheik de Fethoune, même cas ;

12. Tahar ou Achmidene, cheik de Chellata, même cas ;

13. Bel Kacem ou Aissa, cheik d'Aith-Amaziane, même cas, est encore aujourd'hui en fonctions ;

14. Said Naith Amara, cheik de Taslent, même cas, est encore aujourd'hui en fonctions ;

15. Omar Naith bel Kacem, cheik de Tirilt-Maklouf, même cas ;

16. Arab ou El Bachir, cheik d'Iril-Ailef, même cas ;

17. Akhou R'allach, cheik d'Agrem, même cas ;

18. Ould Ahmed Ikhelatine, cheik de Recane, même cas ;

19. ***, cheik de Faldene, même cas ;

20. El Hoccine ou Rezki, cheik d'Aith-Yahia-ou-Ali, même cas, est encore aujourd'hui en fonctions ;

21. El Hoccine ou Belil, cheik d'Aith-bou-M'aza, même cas ;

22. Meziane ben Mohammed Arezki, cheik de Mzeldja, s'est sauvé seul à Bougie, en abandonnant sa famille, ses enfants et ses biens ;

23. Yahia ou Kdal, cheik des Beni-Ourlis, même cas. Son frère Said a été tué dans la révolte ;

24. El Mouhoub ben El Hadj Hemich, cheik des Beni-Ourlis, même cas. Son frère El Ounissi a été blessé dans la révolte ;

25. Said ou Moussa, cheik des Beni-Ourlis, même cas. Son frère Bel Kacem a été tué dans la révolte ;

26. Said ben Slimane, cheik des Msisna, s'est enfui à Bougie avec ses enfants, et a laissé ses frères et ses biens dans sa tribu. Son frère a été blessé;

27. Ali N'aith Salah, cheik des Beni-Ourlis, a commis les mêmes trahisons que les précédents;

28. Mohammed N'aith Hammou, cheik des Beni-Ourlis, mêmes trahisons.

Ben Ali Chérif et son fils avaient sous leurs ordres vingt-six cheiks.

Leurs cavaliers recevant une paie mensuelle du gouvernement étaient au nombre de quinze, savoir:

Si Said N'aith Hammou, cavalier, a pris les armes pour combattre le gouvernement, est mort dans la révolte;

Said N'aith Djadoun, cavalier, a pris les armes pour combattre le gouvernement;

El Hadj Riri, cavalier, de même;

Si Mohammed ou Mtidjete, cavalier, de même;

Si Brahim ben El Cadi, cavalier, de même;

Son fils Salah, cavalier, de même;

Amara, cavalier, de même;

Es Seid, cavalier, de même;

Mohammed ou Ali ou Oucif, cavalier, de même, a été blessé dans la révolte;

Son fils Slimane, cavalier, de même;

Bel Kacem ou Badj, cavalier, de même;

Ali ou Azzi, cavalier, de même;

Le sergent Hammou, cavalier, de même;

Bel Kacem Ali ou El Hadj, cavalier, de même;

Et Si ben Kacem ou Touati, cavalier, de même.

Total de ce qui était dans la main de Ben Ali Chérif comme la bague au doigt, et dont il faisait tout ce qu'il voulait, en comptant lui-même, son fils, les cheiks de sa tribu et ses cavaliers: quarante-trois personnes.

Je vais, maintenant, citer les noms de ceux qui ont pris les armes, contre leur intention, pour le Gouvernement.

C'est d'abord le caïd Ou Rabah, ses fils et ses frères dont la prise d'armes a été considérée aux yeux de toutes les tribus comme forcée, puisqu'il ne s'y est décidé qu'après que les chefs de Bougie ont eu pris son fils Mahmoud, l'ont retenu comme ôtage et ne l'ont mis en liberté que quand la colonne a été revenue. Car les chefs de Bougie avaient bien reconnu que lui et ses parents étaient décidés à se mettre en révolte contre le Gouvernement ; c'est pourquoi la colonne de Bougie n'est sortie qu'après avoir pris le dit comme ôtage. Si son fils n'avait pas été ainsi retenu avant l'entrée en campagne de la colonne, il eut été le premier avec ses parents à se mettre en révolte, et cela en exécution de la promesse qu'ils avaient faite au bach-agha El Mokrani et au bach-agha de Chellata. Ce qui a causé le retard des Ouled-ou-Rabah à se lancer dans la révolte contre le Gouvernement, c'est que ce jeune homme a été arrêté quand on était encore en paix. Ce fait a retenu un certain nombre d'autres personnes telles que le caïd Es Seid ben Abid, le caïd Ahmed ou Mehana et autres, de se prononcer pour la révolte contre le Gouvernement.

Voici les noms de ces gens :

1. Ou Rabah ben Rabah, caïd des Beni-Abd-el-Djebbar, est resté, contre ses intentions, du côté du Gouvernement. Il a laissé son fils Mohamed Sreir avec sa famille et ses parents dans sa tribu ;

2. El Bachir Ou Rabah, cheikh des Berbacha, a agi de même, contre son gré ;

3. Mohammed Ou Rabah, cheikh des Adjica, a agi contre son gré, après sa sortie de prison ;

4. Mohammed El Arbi Ou Rabah, cheikh des Beni-Imal, a agi, aussi, contre son gré, comme son frère le caïd Ou Rabah ;

5. El Hadj Abd Allah, cheikh des Beni-Ou-Djelil, a pris les armes avec sa tribu pour combattre le Gouvernement ;

6. El Hadj Belkasem ben Ahmed, cheikh des San-hadja, a fait comme les précédents ;

7. Saad ben Saïd, cheikh des Beni-Kharoun, a agi comme eux ;

8. Mohammed Saïd ou Zenati, cheikh des Beni-Khateb, s'est réfugié seul a Bougie, en laissant ses enfants et sa famille avec sa tribu ;

9. El Arbi N'Aït Ali, cheikh des Beni-Boukar, a fait comme le précédent ;

10. Djaballah, cheikh de Mellaha, a fait comme les deux précédents.

Total de ce qui était dans la main du caïd Ou Rabah, comme la bague au doigt, et dont il faisait tout ce qu'il voulait, en fait de cheik de sa tribu, plus deux cavaliers recevant une paie de l'Etat : douze personnes.

Je vais maintenant donner les noms de ceux qui ont pris les armes pour soutenir le gouvernement tout à fait contre leur gré, comme le caïd précédemment nommé.

C'est d'abord Si Chérif ben El Mouhoub, caïd des tribus. La prise d'armes de ses fils, pour soutenir le Gouvernement, est considérée par tout le monde comme un acte fait contre leur gré ; car leur père étant depuis longtemps malade d'une de ses jambes, et ne pouvant plus monter à cheval ni se tenir debout, se rendit à Bougie et entra à l'hôpital, espérant être promptement en état de revenir chez lui, mais sa maladie l'y retint jusqu'au moment de la révolte, et lorsque la nouvelle du soulèvement se fut répandue, il n'obtint pas l'autorisation de rentrer à son habitation. Ses fils n'osant alors l'abandonner, vinrent le rejoindre à Bougie. Telles furent les causes qui les retinrent dans l'obéissance au Gouvernement et les firent manquer à la promesse qu'ils avaient faite à leur beau-frère le bach-agha El Mokrani. Les mêmes motifs qui avaient empêché les fils du caïd des tribus d'entrer en hostilité contre le Gouvernement, en raison de ce que leur père se trouvait à l'hôpital, en retinrent plusieurs autres, parmi lesquels leur beau-frère le caïd Ben Djeddou et leur autre beau-frère le caïd Bou Zeid ben Abid.

Voici les noms de ces gens :

1. Si Chérif ben El Mouhoub, caïd des tribus, est resté avec les malades à Bougie et n'a pris les armes ni avec le Gouvernement ni avec les Arabes.

2. Si Sr'eir, fils du caïd des tribus Cheikh-d'Imoula, a pris les armes avec le Gouvernement, contre son gré ;

3. Ali ou Guedjali, cheikh des Beni-Mouhali, est venu seul, se réfugia à Bougie en laissant sa famille et ses enfants dans sa tribu ;

4. Seddour (ou Meddour) cheikh de Mzouna, s'est réfugié seul à Bougie, en laissant ses enfants, sa famille, ses biens et ses parents dans sa tribu ;

5. El Hadj Belkassem ou Saïd Cheikh de Guemmoun, est venu, seul, se réfugier à Bougie, en laissant ses enfants, comme les précédents ;

6. Omar ben Si Mohammed, cheikh des Beni-Khiar,

a pris les armes avec sa tribu pour combattre le Gouvernement.

7. Slimane ben Hammouch, cheikh des Mzita, même cas que le précédent;

8. El Hadj-Mohammed Amziane ou Kaled, cheikh des Adjiça, même cas;

Et 9. Mohammed ben el Mehdi, cheikh de Tizrat, même cas.

Total de ce qui était dans la main du caïd des tribus, comme la bague au doigt et dont il faisait tout ce qu'il voulait, en fait de cheikh des tribus dont il avait le commandement, plus deux cavaliers recevant une paie de l'Etat, et complétant leur nombre : onze personnes.

/ Je vais, maintenant, donner les noms des cheikh du cercle de Bougie, qui commandaient sans l'intermédiaire de caïds, recevaient les ordres directs du bureau arabe, et dont chacun était considéré comme caïd dans sa tribu :/

1. Omar ou Chalal, cheikh des Beni-Mansour, s'est réfugié personnellement à Bougie, en laissant sa famille, ses enfants, son bien et ses frères avec sa tribu ;

2. Ali Naît Kaci, cheikh de Tafra, a agi de même et est encore en fonctions ;

3. Ahmed ben Saïd, cheikh de Kciline, est dans le même cas ;

4. Omar ou bou Djamâ, cheikh des Beni-Amor, a pris les armes avec sa tribu pour combattre le Gouvernement ;

5. Bel Kacem ou Oudia, cheikh des Beni-Amor, même cas ;

6. Bel Kassem ou Ajane, cheikh des Beni-Amor, même cas ;

7. Ali ou Moussa, cheikh des Beni-Amor, même cas ;

9. Ali ou Messaoud Aith Ahmed ou Karth, s'est réfugié seul à Bougie en laissant sa famille, ses enfants, son bien et ses frères dans sa tribu ;

10. Mohammed Said ben Amer N'ait Ouflali, cheikh d'Aith Ahmed ou Karth, a agi comme le précédent et a conservé ses fonctions jusqu'à aujourd'hui ;

11. Mohammed ou Kaci Aith Haddouch, cheikh d'Amzalen, a agi de même et a conservé ses fonctions jusqu'à aujourd'hui ;

12. Bel Kassem ou Ali, cheikh de Amrana, a agi de même ;

13. Mohammed ben Ahmed, cheikh d'Amrana, a agi de même.

14. Si Mohammed N'aith Saadi, cheikh d'Acif-el-Hammam, a pris les armes pour combattre le Gouvernement et a conservé ses fonctions jusqu'à aujourd'hui ;

15. Kaci ou Temzalt, cheikh d'Aith-Kocella, est dans le même cas ;

16. Si Said ou Nehiou, cheikh d'Aith-Sid-Abou, a agi comme les deux précédents ;

17. El Hadj Saidi, cheikh d'Itoudja, s'est réfugié à Bougie, en laissant sa famille, ses enfants, son bien et ses frères avec les gens de sa tribu.

18. Hammou ou Anoun, cheikh des Fenaia, s'est réfugié avec sa famille à Bougie, et a laissé son bien et ses frères avec les gens de sa tribu ;

19. Mohammed Said ou Kaci, cheikh des Fenaia, s'est réfugié seul à Bougie en laissant sa famille, son bien, ses enfants et ses frères avec sa tribu ;

20. El Hadj Maklouf, cheikh de Bendjadamen, a agi avec la même fausseté que le précédent;

21. Si Bel Kassem ben el Hadj Kebia, cheikh de Madene, a agi avec la même fausseté que le précédent, sa famille, seule, était avec lui, quant à ses frères, ils étaient avec sa tribu;

22. Mohammed ben El Hadj Achour, cheikh des Mzaia, s'est enfui avec sa famille à Bougie, en laissant ses frères avec sa tribu;

23. El Hadj Sadok, cheikh des Mzaia, s'est réfugié seul à Bougie, en laissant ses enfants, ses frères et sa sa famille avec sa tribu;

24. Omar ben Mohammed, cheikh des Mzaia, s'est réfugié à Bougie avec son fils en laissant leur famille, leurs frères et leurs biens;

25. Si Ali ben Saïd, cheikh des Beni-Meimoun, s'est réfugié à Bougie avec sa famille, en laissant ses frères et son bien avec sa tribu;

26. Si Omar ben Hammou, cheikh de la tribu d'Aïthount-ou-Ali, s'est réfugié seul à Bougie, en laissant sa famille et ses enfants avec sa tribu;

27. Mohammed Ou Khefach, cheikh des Beni-Amrous, a pris les armes avec sa tribu pour combattre le Gouvernement;

28. Saïd ben Mohammed, cheikh des Beni-Melloul, a agi de même;

29. Aïssa ou Amer, cheikh des Beni-bou-Aïssi, s'est réfugié seul à Bougie, en laissant sa famille et ses enfants avec sa tribu;

30. Ould Mohammed ben Belkacem, cheikh des Ouled-Mohammed, s'est réfugié à Bougie comme le précédent;

31. Bou Chelloul, cheikh des Beni-Haçaine, a fait comme les précédents;

32. ...., cheikh des Beni-Ser'ouane, a agi de même ;

33. Hammou Tahar, cheikh des Beni-bou-Meçaoud, a pris les armes avec ses frères pour soutenir le gouvernement.

Total des cheiks du territoire de Bougie : trente-trois personnes.

Le nombre total des cavaliers du bureau arabe de Bougie est de trente-trois, tous originaires des diverses tribus, y ayant des frères et des adhérents. Ils ont laissé leurs frères et leurs enfants dans leurs tribus, comme les cheikhs sus-mentionnés.

Le nombre total des cadis du cercle de Bougie est de quatre, plus treize bach-adels et adels. Les uns sont restés personnellement avec leurs tribus ; les autres sont venus seuls à Bougie en laissant leurs familles et leurs frères avec leurs tribus comme ont fait les précédents.

Le nombre total des gens que le chef supérieur de Bougie, le seigneur commandant Reilhac, avait dans sa main, comme la bague au doigt et dont il disposait à son gré, était d'environ cent cinquante personnes, caïds ou autres, ainsi que nous avons donné le détail. Si donc ce chef avait réellement désiré voir régner la paix et éteindre le feu de la révolte, rien ne lui eut été plus facile. Car il est très certain que tous les gens désignés ci-dessus, ont des frères, des enfants, des proches, des alliés, des amis et des partisans, et que le moindre d'entre eux pouvait réunir autour de lui cinquante personnes, ce qui donne un total général de sept mille cinq cents hommes. Si donc il avait réuni ce groupe, il eut été indubitablement en force pour combattre les ennemis du gouvernement, repousser leurs attaques et en préserver les tribus. Et si l'on déclare que les gens susdits ne pouvaient grouper autour d'eux cinquante de leurs proches, les représentants de l'autorité gouvernementale devront réfléchir à ceci, que celui qui, dans sa tribu, ne trouve personne pour venir témoigner pour lui (comme partisan), et dont les conseils ne sont pas suivis, ne doit pas être préposé comme chef à ces tribus. Que celui qui examine ce chiffre considère en outre que les uns ont paru se ranger du côté du Gouvernement et que les autres ont fait ce que nous avons relaté, mais que tous ont été exemptés de la contribution de guerre.

((C'est par suite de ces déductions que nous disons que nos chefs sont la cause de notre perte. S'ils avaient servi le gouvernement avec leurs cœurs et avec leurs bras, ainsi que c'était autrefois l'habitude, le feu de la guerre eut été impuissant, sans force et bientôt maîtrisé.) Mais puisque ces gens ont trahi le Gouvernement et trahi les tribus, les uns en prenant les armes pour combattre l'Etat, avant que leurs tribus ne le fissent ; les uns en restant avec leurs tribus, les autres en abandonnant leurs biens, leurs frères et leurs enfants avec les gens de leurs tribus, etc., il est résulté de ce fait qu'on ne les a pas poursuivis, que toutes les fautes commises par eux, en toute circonstance, ont été mises à notre charge. S'ils étaient restés tous du côté du Gouvernement, la situation eut été pour nous clairemnt établie, et si nous nous étions révoltés et que nous ayons pris les armes pour lutter contre l'Etat, je n'aurais rien à reprocher au Gouvernement et je ne lui demanderais pas de prendre nos excuses en considération. Et s'ils étaient tous resté avec les tribus révoltées, la situation eut été pour nous non moins claire, puisque nous aurions

pu voir, ouverte devant nous, la porte du gouvernement qui autrefois nous était fermée, et que nous aurions pu y entrer par la soumission sans rencontrer
d'opposition.

/ Mais puisque ces gens nous ont trompés par la
masse de leurs faux rapports, par la manière dont ils
nous ont négligés et les tromperies qu'ils nous ont fait
subir, d'accord en cela avec certains chefs des bureaux
arabes, comme notre chef le seigneur commandant
Reilhac, il était impossible que nous ne tombions pas
dans l'erreur de toute chose./

Ne perdez pas de vue, messieurs, vous qui exami-
nez les actes de ce seigneur (le commandant Reilhac),
que s'il témoigne contre nous en mal et pour notre
ennemi et l'ennemi du gouvernement, eh bien !. c'est
dans un but d'intérêt personnel et non dans l'intérêt
de l'Etat. Je vais relater ici ce qui peut justifier son
témoignage ou l'infirmer auprès des représentants du
gouvernement. Premièrement, lorsqu'il a été revêtu
du commandement de Bougie, il a remis des armes et
de la poudre des magasins de l'Etat à Ben Ali Chérif,
pour nous combattre, alors que nous étions encore
dans l'obéissance, avant la révolte du bach-aga et
avant la réunion des caïds chez nous. Il était cependant nécessaire, s'il avait été guidé par la justice et
l'équité, qu'il ne désignât pas un côté pour être écrasé
par un autre côté, puisque nous étions alors dans la
soumission, ou bien qu'il nous donnât ce qu'il avait
donné à Ben Ali Chérif, s'il permettait qu'il y eut une
guerre entre nous. Mais s'il ne voulait pas l'écrase-
ment d'un côté et qu'il désirât la paix, il devait punir
le coupable. Si donc il lui semblait que les auteurs du
désordre étaient nous, il devait nous condamner à la
prison et à l'amende. C'était facile, puisque nos rela-

tions nous appelaient sans cesse à Bougie. Moi, par exemple, je suis allé trois fois à Bougie, après la remise des armes, par le commandant, à Ben Ali Chérif, pour nous combattre. Cela peut être établi en notre faveur par le témoignage des Français habitant Bougie.

Deuxièmement, il a témoigné à notre encontre de notre hostilité contre le gouvernement ; cependant, il a laissé de côté son ami Ben Ali Chérif, lorsqu'il est sorti avec ses troupes pour nous combattre, à un moment où nous n'avions pas fait ce qu'avait fait son ami Ben Ali Chérif, ainsi que les gens de sa tribu, comme nous l'avons relaté ci-devant.

Troisièmement, il a donné l'ordre de piller nos biens et de dépouiller nos femmes et nos enfants, si bien qu'on n'a pas laissé une natte en alfa pour servir à nos enfants, quand nous sommes revenus de plein gré à l'obéissance, avant son ami Ben Ali Chérif. Grâce à cette amitié, le commandant l'a exempté de la contribution de guerre, l'a préservé de ce que nous avons eu à supporter, et a placé ses cavaliers, qui combattaient contre le gouvernement avec les armes qu'il avait données à leur seigneur, comme deïra (cavaliers) attachés au bureau arabe de Bougie, ainsi que cela avait lieu précédemment ; il a aussi exempté les serviteurs dudit de la contribution de guerre, soit environ deux cents maisons qui n'ont pas eu à supporter ce qui a été infligé aux tribus, absolument comme si ces gens avaient habité Alger, auprès du seigneur gouverneur général, ou comme s'ils étaient restés à Constantine, auprès de la porte du seigneur général commandant la province. Tout cela n'est que ruse de sa part, pour détourner l'attention des représentants du gouvernement de son ami Ben Ali Chérif, afin que son exemption de la contribution de guerre témoigne qu'il est libre de toute dette et n'a aucun compte à rendre relativement à la révolte contre le gouvernement. Mais tout cela n'est que le fait de leur fausseté et de leur haine.

Quatrièmement, il s'est dispensé d'arrêter les gens de la suite de Ben Ali Chérif et de sa tribu et de les livrer aux mains de la justice, parce qu'il craignait que ces gens ne découvrissent, à l'instruction, la conduite de son ami ; car ils ont tous connaissance des actes de Ben Ali Chérif, et savent mieux que nous quelles étaient ses intentions. Il a donc eu peur que la justice n'ajoutât foi aux témoignages déposés à son encontre.

Les représentants du gouvernement doivent donc examiner avec soin les actes administratifs de ce seigneur (le commandant), pour voir s'ils ont été exempts d'injustice, vérifier s'il avait le droit de délivrer des armes des magasins de l'Etat, pour combattre un côté en exemptant un autre côté, les deux partis se trouvant alors dans l'obéissance ; constater enfin s'il lui était permis de marcher avec ses troupes pour combattre les gens d'un côté qui était plongé dans la paix, en laissant ceux d'un autre côté qui avaient fui la paix pour se lancer dans le désordre, et aussi s'il a le droit de retenir son témoignage ; de mettre en prison un côté et de laisser l'autre en liberté ; de témoigner des fautes d'un côté et de cacher les fautes de l'autre côté ; le tout dans un but d'intérêt personnel et non dans l'intérêt de l'Etat.

Reprenons le témoignage de notre ami Ben Ali Chérif, lequel nie son hostilité contre le Gouvernement, nie l'acquiescement qu'il a donné à la révolte, nie qu'il ait eu connaissance des bruits qui circulaient, nie qu'il ait eu des réunions dans sa maison, déclare qu'il n'avait pas d'autorité dans sa tribu, puis s'enorgueillit de sa puissance, ni qu'il se soit rendu à Tizi-Ouzou pour fournir son appui au caïd Ali ou Kaci et conteste qu'il fût d'accord avec lui, en disant : « Je « m'y suis rendu pour deux raisons : la première « était de chercher un moyen de pouvoir passer pour « aller à Alger, et la seconde de chercher à ramener « le caïd Ali ou Kaci à l'obéissance ; mais, arrivé là, « je n'ai pu trouver de chemin pour Alger et je n'ai « pu obtenir du caïd Ali qu'il consentît à rentrer dans « l'obéissance. »

Le même se glorifie encore par ces paroles : « J'ai « accompagné le seigneur Lallemand à la kalâa des « Beni-Abbès, où il est entré sans brûler une cartou-« che, par suite de mon intervention et de l'influence « que j'ai exercée sur les gens. »

Or, il a prétendu d'abord qu'il n'avait aucune auto-rité sur les tribus, disant : « Le cheikh El Haddad « les a toutes entraînées à lui au nom de la religion « et j'ai été abandonné par elles, à cause de mon « amitié pour le Gouvernement. » Il a, en outre, présenté aux représentants de l'Etat une explication de ses actes, destinée à les excuser. Or, si cette excuse est acceptée, le Gouvernement doit rendre aux ré-voltés le montant de la contribution de guerre qu'il a reçue d'eux et pardonner à tous ceux qui ont pris les armes pour combattre l'Etat, en 1871, car ils ont tous la même excuse qui doit être acceptée de préférence à celle de Ben Ali Chérif. En effet, Ben Ali Chérif dit : « J'ai pris les armes pour combattre le Gouver-« nement, avec tout le monde, de peur que les révol-« tés ne me brûlassent mes maisons, ne me prissent « mes biens et commissent de profanation à l'encontre

« de mon caractère sacré ; car, la main du Gouver-
« nement était, alors, loin de moi tandis que celle
« de l'ennemi était proche : j'ai donc dû leur donner
« mon approbation ; mais, je l'ai fait extérieurement
« et non du fond du cœur, ni de mon plein gré. »

Or, chacun s'est trouvé, en l'année 1871, dans la
même situation que Ben Ali Chérif et peut dire les
mêmes choses. Tous ont, pour le prouver, des lettres
à eux écrites par ceux qui poussaient à la révolte,
lettres dans lesquelles ceux-ci les invitent à les suivre,
à abandonner le parti du Gouvernement et à l'attaquer, les menaçant, en cas de refus, de brûler leurs
maisons, de tuer les gens de leur famille et de prendre leurs biens.

Les représentants du Gouvernement ont bien entre
les mains de ces lettres, mais ils n'ont pas accepté l'excuse de ceux qui les leur présentaient ; car, ils n'ont
pas attaché d'importance à ces écrits. Cependant, si
l'on admet que les représentants de l'autorité aient
accepté comme excuse, pour Ben Ali Chérif, les
lettres qu'il avait entre les mains et par lesquelles il
justifiait son hostilité contre le Gouvernement, on doit
reconnaître qu'ils devaient accepter l'excuse de quiconque possédait des lettres semblables. Or, rien
n'est plus facile que de représenter de tels écrits,
soit qu'il s'en trouve de ceux qui ont été écrits an-
ciennement par les Oulad-Mokrane qui ont été les
premiers à lever l'étendard de la révolte contre l'autorité française, en écrivant aux tribus de les imiter,
soit que celui qui n'a pas entre les mains de semblables lettres dépense cent francs pour aller à Tunis,
s'en faire écrire par les Oulad-Mokrane, portant leur
sceau et la date de la dite époque, ce qui est d'autant
plus facile que les Oulad-Mokrane sont pauvres, en

ce moment, et en écriront tant qu'on voudra, pour un franc.

Mais ce que j'ai dit au sujet de Ben Ali Chérif et de ses amis me suffit; aussi bien, je suis fatigué de rappeler leurs noms, leurs mensonges et leurs faussetés, et, alors même que j'écrirais mille mémoires semblables, cela ne ferait pas cesser leurs infamies.

Indiquons maintenant notre origine et celle de Ben Ali Chérif, afin d'éviter toute recherche difficile à ceux qui désireraient le savoir :

J'ai appris que, dans une lettre publiée dans un journal, un français a prétendu que le cheikh El Haddad était turc d'origine, qu'il était arrivé jeune en Algérie et s'était établi à Seddouk pour y exercer un certain métier que lui attribue ce Monsieur. Puisse-t-il conserver éternellement l'amitié de celui qui lui a donné de semblables renseignements! Quant à cet ami, il fera bien de venir mettre à mort nos frères, nos parents, nos cousins, nos alliés qui se trouvent dans le territoire de Seddouk et autres dont le nombre s'élève à environ deux ou trois mille personnes; de cette façon, nos frères dont nous héritons et qui héritent de nous seront supprimés et nous n'aurons plus d'héritiers. Mais nous admettons que tous fussent morts, il resterait encore les tribus qui, sans aucun doute, viendraient témoigner de la vérité, nos amis et nos ennemis appartenant à toute tribu ayant de l'honneur, ne renieraient pas notre origine notre lignée.

Mais je comprends ce qu'ils ont voulu dire, c'est de notre qualité de marabout qu'ils ont voulu parler; en effet, elle ne date que de mon père, et il n'y a de taleb (écrivain), dans toute notre famille, que le cheikh El-Haddad et ses enfants.

Notre lieu d'origine et notre pays est là bourgade de Seddouk-el-Fokani : nous y habitons de père en fils, depuis environ quatre cents ans ; notre origine, notre tribu et nos parents y sont bien connus. Notre ancienne tribu, avant l'époque sus-indiquée, est celle des Beni-Mansour, voisins des Beni-Our'lès. L'ancêtre de nos ancêtres l'a quittée et est venu s'établir dans la tribu d'Imoula, où il acquis des propriétés. Il avait pour profession de travailler le fer. A sa mort, il a laissé trois enfants dont l'aîné s'est transporté à Seddouk et y est devenu propriétaire. Il travaillait également le fer. Il mourut en laissant deux fils et une propriété, en plus de celle qui venait de leur père.

De l'un de ces deux fils est issu, dans la ligne de descendance, le père de mon père, mon aïeul nommé Ali ben Mohammed El Haddad (le forgeron); c'était un homme doué d'intelligence, de jugement et faisant le bien. Il institua, chez lui, une école de tolba pour apprendre la lecture ; elle comprenait trente élèves qu'il nourrissait gratis et pour l'amour de Dieu. Quant à lui-même, il ne savait pas lire et n'agissait ainsi qu'en vue du bien et de la récompense de Dieu. Celui qui avait faim et était dans le besoin, trouvait chez lui et pour toujours, une nourriture assurée. Ce fut lui, le premier, qui établit une école dans notre maison et y donna à manger aux pauvres et aux affligés. C'était avant la naissance de mon père et lorsque Dieu lui eut fait la faveur de l'enrichir en le lui donnant pour fils; il le nomma Mohammed Amziane et le plaça avec les étudiants qui se trouvaient chez lui pour qu'il apprît à lire, et

cela à l'exclusion de ses autres enfants plus âgés ;
car il avait, sans compter mon père, quatre autre fils,
auxquels il avait fait apprendre l'art de travailler le
fer.

« Après que mon père eut appris quelque peu de
lecture chez lui, il alla chez les Zouaoua, à la Zaouïa
du cheikh Ben Arab, fort réputée dans le pays pour
l'enseignement. Quand il y eut terminé son instruction, il prit l'ouerd (entra dans la secte) de Sidi
Mohammed ben Abd er Rahmane bou Kobrine, qui
lui fut conféré par le khalifat de la secte qui habitait
dans le Djebel-Djerdjera et se nommait Sidi Ali ben
Aïssa. »

Il revint ensuite chez lui y épousa ma mère qui est
originaire de Seddouk, et se mit à enseigner la science
qu'il avait acquise. Auparavant, les étudiants que son
père nourrissait et entretenait recevaient les principes
de la lecture de l'Iman, desservant du village, dans la
mosquée de Seddouk, laquelle avant mon père, était
renommée pour l'enseignement de la lecture et de la
prière, mais chez les gens de notre village seulement.

Bientôt la réputation de mon père se répandit parmi les tribus, de sorte que les étudiants vinrent de
toutes les localités apprendre de lui la science. Puis
il fut nommé khalifat de la secte de Sidi Abd er Rahmane et put conférer l'ouerd (certificat d'admission).
Son père mourut ensuite, et comme le nombre des étudiants venant vers lui et des Khouane augmentait toujours, il se construisit une mosquée pour lui seul, en
plus de celle du village, et à l'extérieur de cette bourgade. Le nombre des tolba (étudiants) qu'il entretenait chaque année s'éleva alors à deux cents. Quant
aux khouanes qui passaient la nuit chez lui, leur
nombre atteignait quelquefois mille ou deux mille

personnes; mais il y en avait, constamment, au moins
cinq cents. Tous mangeaient du taâm (couscous) avec
de la viande, à souper, et de la galette avec des figues
et de l'huile, à déjeûner.

Quant à ce qui était donné constamment aux pauvres, aux nécessiteux et aux domestiques, comme
nourriture, chaque jour, il m'est impossible de l'éva-
luer. Mais ce que les visiteurs apportaient journelle-
ment comme offrandes (ziarat), était loin de suffire
pour leur subsistance et celle de leurs montures.
« Chacun devait donc payer dix sous, mais un certain
nombre de gens ne payait rien du tout ; cela eut lieu
surtout pendant l'année de la disette 1867-68 ; les
gens venaient manger, mais ne payaient pas .Il résulta
du fait de l'abondance des vivres et de la bonté qui
était montrée à tous, que l'amitié pour le cheikh se
répandit dans le cœur des gens. Et certes, si le revenu de nos immeubles ne nous avait pas aidés à fournir de la nourriture aux gens, le produit des offrandes eut été loin d'y suffire. »

En somme, nos frères et nos cousins sont toujours
à Seddouk, où ils possèdent des immeubles et exer-
cent l'art de travailler le fer. Les tombeaux de nos
ancêtres sont bien connus à Seddouk. Or, tout homme
qui raisonne admettra que le propriétaire se reconnaît
à ses propriétés et que le descendant se fait reconnaître par les tombes de ses ancêtres. Nos parents sont
nombreux et connus dans toutes les tribus ; ils y possèdent des propriétés et en sont originaires; les uns
sont dans la tribu des Beni-Mansour les autres dans
celle de Tifra, parmi lesquels je citerai le caïd
de la tribu de Tifra, notre cousin, nommé Aïl ou Kaci;
d'autres, dans celle d'Imoula, mais ils y sont peu
nombreux.

Quant à ce qui a motivé l'appellation du chekh El Haddad, c'est l'habitude établie chez les Kabyles de donner le nom de l'ancêtre commun. Ainsi, tous nos frères et cousins sont nommés : un tel fils d'El Haddad, ou : un tel fils d'un tel, fils d'El Haddad, et cependant la plupart d'entre eux ne travaillent pas le fer et ne connaissent pas du tout ce métier, d'autres sont restés forgerons jusqu'à aujourd'hui. Cependant, par notre origine et celle de nos ancêtres, nous sommes forgerons, notre village a été appelé : « des forgerons » (Haddadine), et les gens ont pris l'habitude de nommer mon père le cheikh El Haddad, au lieu de l'appeler de son nom : Mohammed Amziane, fils d'Ali. Ce nom même est inconnu des masses qui ont adopté l'autre.

Telle est notre origine, et celui qui voudra avoir la preuve de ce que j'avance n'aura qu'à se rendre dans la localité que j'ai indiquée et à y faire des recherches sur notre origine, nos parents, nos biens et nos ancêtres ; il verra les tombeaux dans lesquels ils ont été enterrés.

« Quant à l'origine de Si Mohammed Saïd ben Ali Chérif, bach-aga de Chellata, on dit qu'elle est inconnue et qu'il n'a ni race ni pays. En effet, toutes les tribus Kabyles ou autres ignorent de quelle confédération ou de quelle tribu il est issu, quel nom sa tribu peut porter, et les noms de ses frères, de ses proches et de ses oncles. »

Quant à nous, nous n'avons jamais entendu dire qu'il eut un oncle ou un cousin, et qu'il ait jamais appelé quelqu'un dans sa vie : mon oncle ou fils de mon oncle, ou fils de mon frère, ainsi que cela a lieu pour les gens dont l'origine est connue. C'est là le meilleur signe et le plus suffisant pour indiquer que son origine est inconnue ; il ne peut, en effet, s'attribuer aucune parenté proche ou éloignée, tant pour ce qui est relatif à l'habitation que pour ce qui a trait à l'origine.

Le motif qui fait que Ben Ali Chérif est réputé actuellement comme chérif de la descendance du Prophète, c'est que son aïeul, lorsqu'il vint, le premier de sa famille, se fixer à Chellata, se faisait appeler Mohammed ou Ali Chérif. Mais, personne n'a jamais su d'où il était venu. Il se fit remarquer tout d'abord par la plus grande piété, en vivant pendant longtemps dans la retraite à Chellata, si bien que sa réputation se répandit dans toutes les tribus et que les gens vinrent sans cesse le visiter en lui portant des offrandes. Ensuite, il se maria et établit une zaouïa dans laquelle les tolbas apprenaient le Coran ; à partir de cette époque, les gens vinrent s'établir autour de lui pour le servir.

Et si quelqu'un soutient que Ben Ali Chérif est chérif de race, il faudra qu'il nous le prouve, en établissant sa parenté avec les chérifs et en nous montrant que son ancêtre est le frère d'Aïssa (Jésus), sur lui soit le salut ! Or, nous n'avons pas connaissance que Aïssa ait eu un frère. Ainsi Ben Ali Chérif qui ne peut indiquer actuellement l'origine de son grand père, ni sa filiation, devra remonter jusqu'au point de départ, comme certains autres peuvent le faire.

Quiconque Dieu a fait naître sur terre descend d'une souche et d'une branche et a une filiation, sauf cependant le fils de l'infamie, qui ne peut, en rien, connaître ses ancêtres. Je n'applique pas à Ben Ali Chérif la qualification de fils de l'infamie, car je ne sais rien d'une façon certaine à cet égard; mais je déclare qu'il a de l'analogie avec ceux qui sont dans cette situation, puisqu'il n'a pas de souche à laquelle il puisse se rattacher dans une tribu quelconque. S'il descend des Chérif de la Mecque, cette ville existe encore avec ses habitants, et, lorsque quelqu'un d'entre eux (les chérifs) vient à mourir, on connaît parfaitement sa généalogie et son origine de même qu'on le connaît pour ceux qui parmi eux sont en vie. S'il descend des Arabes habitant l'Algérie, il doit, aussi, avoir une généalogie et une origine; car les uns descendent des Romains et sont devenus musulmans, les autres viennent des Francs et ont également embrassé la religion musulmane ; d'autres sont Turcs d'origine ; mais, ce qui est certain, c'est que le plus grand nombre des Arabes de l'Algérie descendent des Romains (l'auteur veut dire des indigènes qui habitaient le pays à l'époque romaine) et quiconque parmi eux prétend qu'il est chérif de race, descend des Chérif de la Mecque, dit un mensonge et encourt la malédiction de Dieu. Et quiconque veut relier sa race à celle de notre prophète, Mohammed, — que Dieu répande sur lui ses grâces et lui accorde le salut! — (sans y avoir droit), s'expose à la colère de Dieu. En effet, nous ne pouvons nous rattacher et nous relier à lui que par le fait de notre entrée dans sa religion et de notre soumission à sa loi, lorsque nous avons cru à sa parole et à ses actes et témoigné pour lui notre profession de foi : « Il n'y « a d'autre Dieu que Lui, Mohammed est le prophète « de Dieu, » ce qui équivaut à dire que nous croyons au Prophète de Dieu et que nous regardons comme justes les prescriptions qu'il nous a laissées, relativement à ce qui est défendu et à ce qui est permis. En effet, quiconque croit en lui et suit la loi qu'il a lais-

sée et qui est actuellement écrite par son ordre, en
son nom et au nom des paroles de Dieu, porte témoignage sur cette loi qui est appelée le Coran et devient
musulman. On le nomme Arabe et il fait remonter
son origine au prophète de Dieu. C'est, en effet,
comme si nous étions de sa descendance ; car, celui
qui croit en lui comme nous l'avons dit et porte témoignage pour lui, devient membre de sa famille, et
cela, alors même que son père et sa mère seraient
encore vivants et infidèles ; cela n'infirmerait pas la
conversion à l'Islamisme de leur fils.

Ainsi donc, relativement à la religion, tous les Arabes sont chérifs, sans aucune exception.

En entrant dans cette voie, nous pourrions causer
pendant longtemps. Notre seul but était d'éclaircir la
question des origines et des généalogies. Il est certain que si les ânes parlaient, ils connaîtraient ce qui
leur est personnel depuis le commencement jusqu'à
la fin. Il n'y a pas de honte à descendre d'un bou-
cher, d'un khammès, d'un forgeron, d'un portefaix
ou d'un commerçant, la honte est pour celui qui ne
peut connaître ni son origine ni sa généalogie. Toute
la question est là.

Le devoir des représentants du Gouvernement est
de ne pas nous punir de ce que nous avons pris les
armes dans l'année 1871, au lieu de fuir notre pays
pour nous réfugier à Bougie ou dans toute autre localité, et cela pour divers motifs que je vais exposer
ici.

Si nous avons commis des fautes et des désordres
et supposé que l'autorité du gouvernement ne s'exer-
cerait plus sur notre pays, ce n'est qu'après avoir vu
le désordre commis et le parti du Gouvernement

abandonné, dans chaque localité et dans chaque commandement, par tout homme sage, par quiconque vivait auprès de l'Etat et était revêtu par lui de fonctions, et que le Gouvernement ne s'appliquait pas à rétablir la paix en faisant cesser le désordre survenu dans son territoire et provoqué par ses amis. Nous avons eu, néanmoins, assez de force pour nous retenir de suivre les gens du désordre, si bien que le feu de la guerre a éclaté entre eux et nous ; et, cependant, nous n'avons commis aucun acte répréhensible contre le Gouvernement ni contre aucun de ceux qui le servaient, ni contre son peuple, ni contre nos voisins ; nous ne sommes sortis ni de nos maisons ni de notre tribu pour fournir notre appui au bach-agha, ni pour piller les maisons des colons français qui étaient proches de nous, ni pour combattre personne ; nous n'avons tué aucun des Français qui étaient sous nos mains, et c'est alors que notre commandant supérieur a marché contre nous, pour nous combattre et est venu camper à l'endroit nommé El-Kçar, proche de notre localité de Seddouk, car il n'y a entre nous qu'une espace d'environ deux heures de marche.(A ce moment nous n'étions pas encore sortis de l'obéissance et nous n'avions commis aucune faute méritant que les troupes marchassent contre nous pour nous combattre (1).

Etant donc bien convaincus que ce seigneur ne pouvait nous attaquer que pour avoir abandonné la voie de l'obéissance et avoir suivi celle de ses amis susdits, nous nous préparâmes au combat. Si ce ré-

_____

(1) C'est ce qu'on a appelé *une razzia de pied ferme*. (Voir les *Mémoires d'un Capitaine des Bureaux arabes*, par M. Hugonnet).

sultat n'avait pas été désiré par lui, il aurait, certes, marché avec ses troupes contre ceux qui avaient commis des désordres et s'étaient compromis avant nous par leur amitié pour l'ennemi du Gouvernement, tels que Ben Ali Chérif et sa tribu de Loula, qui avaient bien accueilli le frère du bach-agha et les gens de sa suite en leur offrant des festins et en acceptant ce qui faisait le but de leurs désirs. En un mot, dans les conditions et la situation telles que nous les avons décrites, il devait, s'il ne voulait pas le résultat qui a eu lieu, nous écrire aussitôt après son arrivée à El-Kçar ou nous envoyer quelqu'un de sa part pour nous ramener vers le bien. S'il avait acquis la certitude que nous étions sortis de l'obéissance, si alors nous avions persisté dans la voie du mal, il avait le droit de venir nous attaquer; mais s'il avait trouvé en nous des gens disposés au bien, il devait nous laisser dans la situation pacifique où nous nous trouvions, et non venir nous troubler et nous exciter à nous prononcer pour la révolte et le désordre.

Il pouvait encore nous inviter à aller avec lui combattre les révoltés, et si nous avions refusé de marcher contre les rebelles, cela eut été la preuve que nous étions sortis de la voie de l'obéissance. C'est ainsi qu'ont toujours agi les chefs qui voulaient maintenir la paix dans le pays et désiraient le bonheur de ses habitants.

Ce qui renforce encore cette opinion, c'est que nous ne nous étions nullement pressés de marcher à sa rencontre pour lui offrir le combat et l'attaquer dans son camp à El-Kçar. C'est lui, au contraire, qui s'est avancé avec son goum et les gens de sa suite dans l'intention de nous razzer à un endroit nommé Amlak, auprès de la rivière; nous lui avons alors offert le combat pour préserver nos bestiaux. Telle a été notre première campagne contre l'autorité française, depuis l'époque où elle a conquis l'Algérie.

Quand le commandant fût en présence de nous et qu'il nous vit en face de lui prêts au combat, il n'accepta pas la bataille et rentra à son campement d'El Kçar, puisqu'il avait constaté que nous avions pris les armes pour combattre le gouvernement. Pendant ce temps, son ami Ben Ali Chérif qui était proche, ne s'occupait nullement de nous et ne se prononçait ni pour nous ni pour le gouvernement. Le lendemain, nous nous disposâmes à combattre ceux qui marchaient ainsi contre nous avec lui (le commandant) pour nous combattre, nous tuer, brûler nos maisons et prendre nos biens, alors que n'avions commis aucun acte d'"hostilité ni contre eux ni contre leurs biens. Ledit lendemain, après que nous eûmes attaqué son arrière-garde, il se mit en retraite, de nuit, sur Bougie, en nous abandonnant des caisses de poudre, des armes et notamment les cantines de son interprète, M. Féraud, interprète du bureau arabe de Bougie, lesquelles contenaient toutes les lettres des caïds de la province ainsi que celle des cadis, et cela, pour que nous puissions connaître quelles étaient les pensées de tous. Ces pièces nous ayant été remises, nous les avons conservées avec les lettres que les caïds nous écrivaient, puis après notre soumission, M. Féraud est venu les prendre chez nous, tandis que nous étions retenus en prison et les a cachées tant à nous qu'aux chefs de la justice. Peut-être ces lettres renferment-elles notre salut, en même temps que la condamnation éclatante de leurs amis, aux yeux des représentants de l'autorité !

Je reprends: après que nous fûmes ainsi compromis, par notre hostilité contre le gouvernement, nous avons agi comme agissent les ennemis, car vous n'ignorez pas que chacun cherche alors la victoire pour lui et non pour son ennemi, et que chacun désire la gloire de son parti et non celle du parti ennemi. Tout le monde sait aussi que la guerre ne peut être exempte de dévastation non plus que de paroles insultantes dites dans le but de rabaisser l'ennemi et que chacun cherche à enlever les vêtements de son adversaire. Il est impossible que les vêtements de deux adversaires qui luttent avec les mains, ne subissent des dégâts ; mais quand les adversaires luttent avec des armes, de la poudre et des balles et sont des mille et des mille, comment pourrait-il ne pas y avoir de dévastations et de morts d'hommes de tous côtés, ou au moins d'un seul.

Quant à ce qui nous est personnel, notre révolte ne peut pas être comparée à celles d'autres : elle a été exempte de tromperies et de surprises ; nous n'avons ni brûlé une maison, ni commis de pillage, ni tué personne par surprise ; tandis qu'on était en paix. Nous n'avons fait que ce qui a été la conséquence de combats avec la poudre, en plein jour, et non de nuit et en prévenant qu'on se mit en garde pour le jour et l'heure désignés pour le combat. Nous n'avons jamais effectué de razzias contre personne de nuit ou de jour sans prévenir et inviter à se mettre en garde. Combien de nos éclaireurs étant tombés entre les mains des soldats ont été tués sur l'heure par eux ! et combien d'éclaireurs du côté de la troupe étant tombés entre nos mains ont été mis en liberté par nous !

Nous n'avons assisté à aucun meurtre commis en dehors du combat. Ainsi, une femme de la tribu d'Itoudja, qui avait été envoyée à la découverte des nouvelles par le commandant de Bougie et qui était nantie d'un permis du bureau arabe de Bougie l'autorisant à aller et à revenir, ayant été remise entre nos mains, nous l'avons relaxée. Combien d'autres, notamment des hommes en grand nombre, sont tombés aussi entre nos mains, mais jamais nous n'avons ordonné leur mort! Jamais nous n'avons eu l'envie de faire mourir personne. Car, à ce moment, si les pierres eussent été des hommes nous les eussions priées de nous assister pour écraser des gens semblables à ce seigneur (le commandant) et à ses amis, et pouvions-nous ne pas appeler des gens à notre aide pour repousser ces trompeurs du gouvernement et du peuple?

✗ Nous étions, autrefois, tout à fait étrangers à l'idée de combattre le gouvernement; nos membres se refusaient à prendre les armes pour nous révolter contre l'État; nous étions habitués à la paix et nous aimions à circuler dans le pays et les villes; la plupart d'entre nous étaient nés depuis la conquête de l'Algérie par le gouvernement français, nous n'avions jamais connu d'autre autorité que l'autorité française et nous n'avions jamais vu d'autres chefs que les représentants du gouvernement : Jamais dans nos réflexions passagères ou profondes, nous n'avons pensé à entrer en lutte contre le gouvernement; nous n'avions pas de motif pour l'attaquer ni de sujet pour le détester ou lui en vouloir, et voilà qu'un beau jour, ce seigneur et ses amis nous ont fait perdre l'esprit, nous ont privés de notre raison et nous ont tous mis en opposition à la force du gouvernement; ils nous ont fait encourir sa colère et nous ont exposés aux revers de la fortune ; ils nous ont fait tant de rapports men-

songers, qu'il en est résulté pour nous ce qui arrive
à l'ivrogne quand il a trop bu. Si, au moins, nous
avions pu trouver quelqu'un qui nous aidât à écraser
ceux qui étaient la cause de la perte de notre raison,
nous eussions été bien contents de lui, quoi qu'il fût
résulté !

Le commencement de notre révolte n'a eu d'autre
but que de combattre contre ces traîtres. Nous n'avons
assisté à aucun pillage ni incendié de maisons de
Français, et n'avons pas donné l'ordre de les piller.
Nous ne cherchions que des gens qui nous aidassent
à combattre les menteurs. Mais aussitôt que nous
avons vu que l'Etat nous envoyait comme chefs des
gens d'expérience, voulant la paix, et que les menteurs et les traîtres étaient mis de côté, nous avons
jeté volontairement nos armes de nos mains, et avons
ordonné de déposer les armes, de plein gré, au lieu
de combattre contre ceux qui venaient rétablir la paix.
Et si nos anciens chefs n'étaient pas pour nous des
ennemis, qui essuient après nous et après nos vêtements leurs mains sales, ils auraient témoigné pour
ce qui nous regarde d'une façon conforme à la vérité
et à la justice, devant les représentants du gouvernement. De cette façon, ceux-ci auraient vu que nous
n'avons pris les armes que par suite des tromperies
de nos chefs, pour nous préserver d'eux, et non par
inimitié contre le gouvernement ; et que lorsque celui-
ci est revenu vers nous, nous sommes allés au-devant
de lui, mais non dans l'intention de le combattre, et
cela avant l'arrivée des troupes dans notre territoire,
avant toutes les tribus et avant Ben Ali Chérif.

Le gouvernement nous reproche de ne pas nous
être réfugiés de son côté, en abandonnant nos biens
et nos demeures au pillage, et, par ce fait, nous dé-

clare coupables. Mais, selon notre manière de voir et notre entendement, ce reproche de sa part est dénué de justice, et cela pour trois causes. Aussi, selon nous, il ne nous impute cette faute que pour justifier la saisie de nos biens et de nos propriétés et notre perte. En effet, s'il n'en était pas ainsi, le reproche serait autant mérité par lui que par nous.

Premièrement, il n'était pas, antérieurement, dans les habitudes de la population de se sauver auprès des représentants du gouvernement, en abandonnant ses demeures, ses propriétés et ses jardins. C'était, au contraire, l'autorité qui protégeait son peuple contre les désordres qui se produisaient parmi lui, et contre ceux qu'il avait à souffrir de l'extérieur, en quelque endroit que ledit peuple habitât, au loin ou auprès ; aussi, on ne parlait du gouvernement que pour célébrer sa force et la longueur de son bras pour protéger ses sujets en tous lieux et dans quelque condition que ce soit. Nous n'avons jamais entendu dire que le gouvernement imposât à son peuple l'obligation d'abandonner au pillage son territoire, ses jardins et ses maisons, pour se réfugier auprès de ses représentants et habiter avec eux dans les villes, en payant le loyer mensuel de ses habitations, tandis que ses biens étaient abandonnés à la dévastation. Quels seraient donc les avantages d'un peuple servant un gouvernement faible, qui ne peut protéger en tous lieux ses sujets restés dans leur territoire et au milieu de leurs propriétés ? Faudrait-il que, malgré leurs craintes, ils abandonnassent et laissassent leurs territoires et leurs propriétés ?

Certes, s'ils se sont soumis à l'obéissance d'un gouvernement quelconque, s'ils ont baissé la tête devant la puissance de quelqu'un, s'ils lui ont obéi, ce n'est qu'à cause de leur amour pour leur pays et pour leurs biens, dont ils n'avaient pas la force de se séparer. Ce qui les a obligés à se soumettre au gouvernement et à verser leurs impôts entre ses mains, c'est qu'ils se sont convaincus qu'il avait la puissance nécessaire pour protéger leur territoire de tout désordre ; sinon, ils ne se seraient pas soumis au gouvernement, à moins de se trouver dans les conditions des gens du Sahara, dont la fortune et les biens sont constitués par leurs troupeaux, qu'ils entraînent avec eux, et dont le territoire ne peut convenir à personne qu'à eux ; ce territoire, du reste, ils n'en sont pas devenus propriétaires par leurs travaux et ne l'ont pas acheté, de sorte que leur cœur n'a pas pour lui cette amitié qui les empêche de le quitter ; partout où le gouvernement les poursuit, ils se retirent de sa route et fuient vers un autre lieu. Les représentants du gouvernement ont beau alors circuler pendant un certain temps dans leur pays, ils ne trouvent ni maisons là où ils habitaient, ni jardins, ni arbres qu'ils puissent leur détruire, pour leur faire regretter la perte de leurs biens, ainsi que cela a lieu pour les gens du Tell. Bien au contraire, il peut arriver que le séjour des troupes dans leur pays leur cause la plus grande joie, par suite des recherches pour l'eau et des puits qu'elles exécutent, et dont ils profiteront plus tard, quand ils souffriront du manque d'eau. En effet, le nombre de leurs puits sera augmenté, et dès que les troupes du gouvernement auront évacué leurs territoires, ils y rentreront et les trouveront dans le même état qu'auparavant.

Si nous avions pu, nous, gens du peuple et de la masse, nous rapprocher du gouvernement, certes, nous eussions été les premiers à le faire, et cela par une foule de causes, comme nous l'avons exposé précédemment. Mais si, trouvant de la part du gouvernement un appui, nous avions fui sa cause, sans avoir eu au préalable à supporter de dommages autres que ceux auxquels on doit toujours s'attendre, le gouvernement serait alors en droit de nous blâmer et de nous punir plus durement encore que nous ne l'avons été, car ce serait peu relativement à ce que nous eussions mérité.

Or, lorsque nous avons vu des gens de son pays et de sa nation (des Français) subir des désastres devant nous, être assiégés à l'intérieur des forts, etc., et le gouvernement ne pas prendre garde à eux et ne pouvoir les protéger ni les sauver du trépas ; quand nous avons vu des gens de sa nation pousser à sortir de l'obéissance qui lui était due, et même les militaires à son service : officiers, capitaines, commandants, etc., atteindre successivement ces grades sans les avoir mérités ; puis, quand nous avons vu que des croix étaient distribuées par eux sans qu'ils en aient l'autorisation, et qu'ils ne craignaient rien à ce sujet et agissaient sans demander conseil à personne, — que pouvions-nous supposer, nous qui n'avions pas de forteresses pour nous y renfermer et protéger notre existence contre les gens de désordre, nous qui n'avions pas de chefs pour conseiller la paix ? Nous appelions le gouvernement à notre aide, pour repousser par la guerre ceux qui venaient nous entraîner au désordre ; mais il ne répondait pas à notre appel.

De même, nous avons vu ceux qui avaient acquis des maisons au nom de la puissance de l'Etat et nullement par les bénéfices du commerce, de la culture, ou de tout autre métier, craindre, s'ils se mettaient du côté du gouvernement, que leurs biens et leurs maisons ne fussent perdus pour eux. Or, s'ils avaient eu la conviction que l'autorité du gouvernement se rétablirait sur la contrée comme auparavant, et qu'il serait en mesure de rembourser la valeur approximative de ce qui avait été perdu, certes, ils n'eussent pas hésité à abandonner leurs biens au pillage pour prouver leur dévouement à l'Etat et mériter son approbation. Chacun a donc la certitude que la révolte de tous les titulaires de fonctions ou de quelques-uns, au milieu des tribus, a détourné la masse de l'idée de se mettre du côté du gouvernement, puisqu'elle voyait que ceux qui avaient gagné de la richesse et des biens au nom de la majesté de l'Etat, craignaient qu'il ne réussit pas à rétablir la paix ; cela éloignait de lui ceux qui avaient gagné leurs biens à la sueur de leur front, en cassant du bois, etc.

Deuxièmement : nous avons constaté que le gouvernement manquait de confiance vis-à-vis des Arabes. En effet, nos frères, les Arabes, habitaient auprès de l'autorité dans des propriétés leur venant de leurs pères et de leurs ancêtres, fixés pour toujours avec leurs enfants et leurs femmes au milieu des villes. Tout allait bien pendant la paix, mais, quand le moment de la révolte est arrivé, l'autorité a soupçonné ces gens de fausseté et de tromperie ; elle a eu plus de confiance aux Juifs qu'en eux, leur a délivré des armes et les a chargés de garder les villes.

Quant à nous, Arabes, qui habitons toujours la montagne et la plaine et avons pour coutume d'uriner sur le bord du sentier ou même au milieu ; comment pouvions-nous nous attendre à ceci, qu'en nous rendant à chaque instant à la ville, les gens de garde, de jour et de nuit, nous prendraient pour avoir uriné sur le chemin ou auprès, et que nous serions punis à ce sujet ? De plus, les Arabes qui habitent au dehors de la ville possèdent des chèvres, des moutons et des bœufs, des bêtes de somme et des chiens, et je déclare, car l'expérience en a été faite, qu'aucune ville ne pourrait supporter dans son enceinte, deux ou trois tentes, avec leurs bestiaux, leurs serviteurs et ce qui en dépend. Si l'on choisissait deux tentes parmi celles des Arabes, et qu'on les fît entrer avec leurs bestiaux dans la ville de Bougie, chaque tente ayant quatre cents moutons, autant de chèvres, cent vingt vaches, soixante-cinq bêtes de somme, mulets, chevaux, juments, poulains et ânes. Or, nous, gens de la famille du cheikh El Haddad, nous possédons plus que ce que je viens d'énoncer, puisque le nombre de nos chiens seulement est de trente. Si donc ces tentes étaient introduites dans la cité, il est indubitable que l'autorité ne pourrait supporter les dégâts qui en résulteraient pour la ville, que nous rendrions inhabitable. C'est la conséquence forcée de ce que nous avons vu faire dans les villes pour le maintien de la propriété, puisque l'on y met les gens en prison pour avoir uriné sur la voie publique. Sous tous les rapports, les villes ne conviennent pas aux Arabes. De leur côté, les villes ne peuvent supporter la saleté des Arabes. De même il ne convient pas aux citadins de sortir à l'extérieur ; ils sont incapables d'endurer le froid, la chaleur et.la fatigue auxquels sont exposés les gens du dehors. Les Arabes et les Kabyles du dehors ne peuvent se faire à la gêne qui règne dans les villes et aux contraintes qui y sont imposées aux gens.

Troisièmement : nous avons vu des gens revêtus de fonctions, dont quelques-uns étaient fixés pour

toujours à la ville, où leurs familles habitaient avec
eux, où ils avaient acquis des maisons pour se loger,
tels que Ben Ali Chérif, s'enfuir de ces maisons en
emmenant leurs familles, comme si les montagnes
étaient des forteresses de sécurité et les villes des endroits dangereux ; et cela à la vue de tous.

Nous avons vu tout spahis au service du Gouvernement, paraissant à l'extérieur agir pour lui avec sincérité, laisser ses biens et sa famille dans sa tribu loin
de la ville,

Ainsi s'est conduit le plus grand nombre. Or, si
nous avions vu ceux qui recevaient une paie de l'Etat
et qui s'étaient enrichis en son nom, se mettre
avec leurs cœurs et avec leurs membres du côté
du Gouvernement; nous, et beaucoup d'autres,
qui, comme nous, n'avaient pas d'emploi, eussions
tenu compte de leur conduite et de leur manière
d'être, et les eussions suivis, même en laissant nos
biens. Si les gens revêtus d'emplois s'étaient tous mis
du côté du Gouvernement, lui offrant leurs cœurs et
leurs membres, les gens qui n'avaient pas de fonctions se fussent aussi rangés de ce côté ; alors même
que leurs corps seuls y fussent venus et non leurs
cœurs, car les masses agissent toujours ainsi : elles
suivent leurs chefs.

Je ne comprends vraiment pas dans quel but l'État
a fait grâce à ces menteurs et à ces traîtres, car
j'ignore quels services ils lui ont rendus. Est-ce que,
quand leurs tribus se sont levées pour combattre le
gouvernement, ils les en ont empêchées ? Lorsque
leurs tribus se disposaient à fuir l'obéissance à l'autorité, les ont-ils empêchées ou retenues par la force
des armes, par une prudente habileté ou par la ruse?
Quand des troupes se trouvaient assiégées dans diverses

localités, les ont-ils délivrées? Lorsque des Français sont tombés entre les mains des arabes les ont-ils sauvés par la force des armes ou par leurs conseils? Ont-ils protégé les maisons des Français se trouvant au milieu de leurs tribus et auprès de leurs demeures? Les ont-ils préservées du pillage par la force, par les conseils sensés ou par la ruse, ainsi qu'ils ont sauvé du pillage leurs maisons situées non loin?

Recherchez les services qu'ils ont rendus au gouvernement : vous ne trouverez que tromperies. Quant à ceux qui ont témoigné pour eux, ce ne sont que des traîtres !

Pour nous, nous n'avons besoin du témoignage de personne ; celui que nous déposons nous-mêmes nous suffit.

Que les représentants du gouvernement fassent ce qu'ils voudront: s'ils nous accordent le pardon, nous prions Dieu qu'il les en récompense, car nous aurons ainsi éprouvé les bienfaits du gouvernement que nous n'avons pas encore vu pardonner depuis le jour de la conquête. S'ils nous punissent, comme le père a le droit de punir son fils pour ses fautes, ce sera encore à notre avantage, car, si nous sommes punis, nous y aurons plus de profit que l'État, de même que l'Etat aura plus d'avantage à nous pardonner, que nous à être pardonnés.

Si les représentants du gouvernement désirent que la paix règne pour toujours dans le pays, sans difficulté et sans dépenses, il est de leur devoir de pardonner à tout le monde, après quoi ils prendront dans chaque tribu les noms de cent ou deux cents hommes qui seront cautions, pour leur tribu, de toute révolte contre le gouvernement. Ces gens seront solidaires les uns des autres et aucun ne pourra être excusé à

7

l'exclusion des autres sous prétexte de manque d'autorité, ce sera comme si chacun d'eux était en prison dans sa tente ; mais il aura ainsi la faculté de travailler pour ses enfants et tous mourront plutôt què de s'entendre avec les fauteurs de révolte contre le gouvernement. Vous épargnerez ainsi la vie des soldats de la France, car, par ce moyen, ces gens seront tous dans la même situation que des soldats à votre service ; mais, vous n'aurez ni solde ni dépenses à payer et eux-mêmes ignoreront qu'ils sont soldats.

Quant à la prison, à l'opprobre, à la mort, à la spoliation, à l'incendie et aux coups, tout cela ne ramène pas les gens à l'obéissance ; peut-être même ces choses augmentent-elles, dans le cœur des gens, notamment des prisonniers, de leurs proches et des gens de leur suite, la haine et l'inimitié contre le Gouvernement, à l'opposé de ce qui aurait lieu pour ces répondants vivant au milieu de leurs tribus et de leurs proches.

Personne, du reste, ne peut être satisfait du trépas de son frère, de son père ou de son fils.

Quant à ceux qu'on retient loin de leur patrie, le cœur de leurs proches meurt d'angoisse pour eux à cause de la longueur de la séparation. On finit par les croire morts, car l'on ne peut s'occuper autant des absents que de ceux qui sont présents, fait qui est prouvé par l'expérience. Or, en l'année 1871, combien de gens se trouvaient en prison ou en gage entre les mains du Gouvernement pour faits de révolte s'étant produits dans les années antérieures, dont les tribus, les parents et les frères semblaient ne pas s'occuper ? Et qui sait, cependant, si le plus grand nombre des tribus insurgées dans l'année 1871, ne se composait pas des parents de ces gens détenus en prison, qui se seront révoltés contre le Gouvernement avec réflexion, exclusivement à tous autres, parce que leur cœur était déchiré de ce que leurs frères étaient en prison ou avaient été mis à mort? Et alors même que la prison eut été au loin, les tribus de ces gens détenus en France ont peut-être été les premières à se lancer dans la révolte contre le Gouvernement, dans l'espoir de délivrer leurs frères, leurs proches et leurs fils.

Le Gouvernement doit les mettre en liberté et leur pardonner, car la révolte de leurs frères et de leurs tribus, ici, n'a pas d'autre cause. Le Gouvernement ne doit pas leur faire de reproches pour les fautes et les violences qu'ils ont commises dans l'année 1871, car ils s'étaient trouvés alors en butte à trois graves préoccupations : la première résultait du fait des victoires des ennemis de la France, les Prussiens ; la seconde des divisions et haines qui existaient entre l'autorité, et la troisième, de l'inimitié des Arabes. Les deux premières, difficiles à supporter par eux, s'ajoutèrent à la troisième; or, chacun sait que la colère engendre, en tout état de cause, des actes regrettables. Cela excuse les fautes commises par les gens de la masse qui doivent revenir habiter leurs territoires. N'est-il pas, du reste, incontestable que la cause déterminante du désordre vient du Gouvernement? Sans sa faiblesse et son impuissance, personne n'eut commis de fautes et ne se fût lancé dans le désordre.

Le poëte a dit :

« Vous pleurez sur mon éloignement, et c'est vous « qui m'avez éloigné.

« Et vous demandez mon retour, alors que le retour « n'est plus possible ! »

Je prie les seigneurs représentants de l'autorité gouvernementale, de prendre en considération les excuses que je présente. Si les faits relatés ci-dessus sont conformes à la vérité, cela tend à prouver, — que Dieu en soit loué ! — que, sans doute, notre bon sens d'autrefois, celui que nous avions avant l'année 1871 et avant de prendre les armes pour combattre le Gouvernement, nous est revenu. Nous devons donc prier Dieu de récompenser le Gouvernement de nous avoir, par sa colère contre nous, fait rentrer dans notre bon sens, car, sans le châtiment qui en est résulté, nous n'aurions pas encore retrouvé notre raison.

Mais, si ce que nous avons dit s'écarte de la vérité, manque de base et est dépourvu de logique, les gens doués d'intelligence et qui raisonnent ne doivent pas nous le reprocher, car cela prouve que notre bon sens ne nous est pas encore revenu.

Le gouvernement sait bien que nous sommes dépourvus d'intelligence, puisque les bureaux arabes ont attesté notre manque de bon sens et de discernement. Or, leur témoignage ne peut pas être contraire à la vérité.

Et, en effet, si nous avions eu de l'esprit, nous nous fussions composé trois visages, à l'imitation de Ben Ali Chérif, qui en avait deux : un avec les bureaux arabes, auprès desquels il médisait du peuple ; et un avec le peuple, devant lequel il critiquait les bureaux arabes et leur gouvernement. Tous les soirs, il écrivait aux bureaux arabes dans une enveloppe, et tous les jours il les combattait avec cent enveloppes (cartouches) contenant de la poudre et des balles. C'est par ce moyen qu'il s'est trouvé préservé de la colère du gouvernement.

Si donc nous avions eu l'adresse de nous faire trois

visages, nous eussions assurément mérité les premiers de tous la satisfaction du gouvernement. Il fallait pour cela avoir un visage avec les bureaux arabes ; un visage avec les colons français, en les priant de nous excuser de notre peu d'influence, et en critiquant auprès d'eux la conduite des autres ; et enfin un troisième visage auprès des Arabes, en nous montrant ce que nous sommes, avec nos facultés réelles et notre personnalité.

/ Je ne conclus donc pas que si nous eussions été dans notre bon sens, nous n'eussions pas dû prendre les armes pour combattre le gouvernement, et cela pour deux raisons : la première, parce que nous avons vu que celui qui s'était composé deux visages trompeurs a été préservé des deux côtés ; et la seconde, par la crainte que nos paroles, en avouant que nous n'avions pas de bon sens, ne servissent d'abri à ceux qui recherchent le commandement et le pouvoir, et l'on sait que le commandement et le pouvoir ont amené bien des divisions entre nos chefs supérieurs. Aussi, est-il permis de dire : Nos chefs nous ont punis pour des fautes dont ils connaissaient bien l'auteur.

Il n'y a plus rien à ajouter. /

Salut !

L'écrivain et auteur du présent, Aziz, fils du cheikh El Haddad, âgé de trente ans, détenu à la prison civile, demande aux représentants de l'autorité, tant militaires que civils, de lui accorder le pardon le plus complet pour tout ce qui a eu lieu :

« Vous ne voudrez pas que ma jeunesse s'étiole « dans la contrainte des prisons; vous ne voudrez pas

« me séparer de ma famille et de mes jeunes enfants.
« Ce n'est que de la main puissante que l'on réclame
« le pardon, et c'est le Dieu Très-Haut qui sait ce qui
« aura lieu! »

Pour traduction conforme :

ERNEST MERCIER,

Traducteur assermenté.

www.ingramcontent.com/pod-product-compliance
Lightning Source LLC
Chambersburg PA
CBHW052138090426
42741CB00009B/2135